경희대학교 아프리카연구소 총서 28

아프리카 동부 해안 지대의 민담 1

김민채 편역

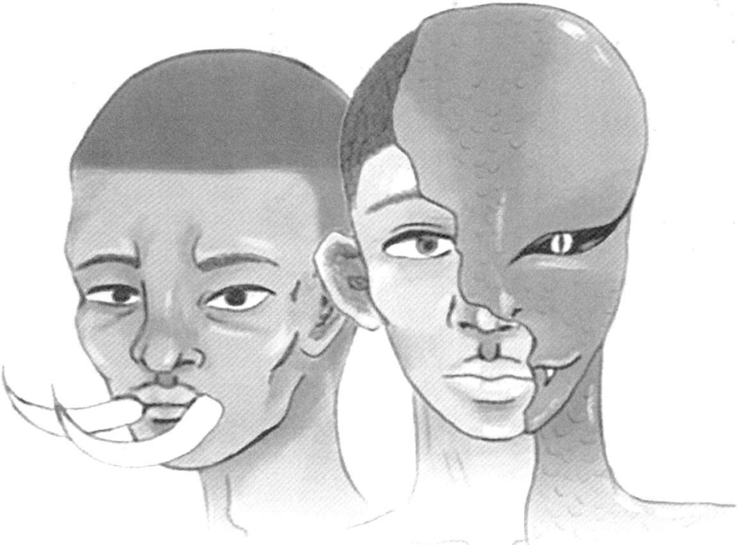

아딘크라

김민채 교수는 연세대학교 불어불문학과 및 동대학원을 졸업하고, 프랑스 파리 4대학에서 불어학박사 학위를 받았다. 현재 경희대학교 프랑스어학과 교수로 재직하고 있다.

※ 이 저서는 2021년 대한민국 교육부와 한국연구재단의 지원을 받아 수행된 연구임 (NRF-2021S1A5C2A02086919)

역자 서문

스와힐리어를 처음 배웠을 때의 기억은 지금도 생생하다. 낯선 언어의 소리 속에 섞여 있던 아프리카의 리듬 그리고 그 문법 구조에 담긴 사람들의 세계관은 큰 흥미로 다가왔다. 어릴 적 보았던 애니메이션 영화 〈라이온 킹〉에 등장한 노래 '하쿠나 마타타(Hakuna Matata)'가 스와힐리어로 '문제없다'라는 뜻인 것을 뒤늦게 알았을 때 글자 그대로 '사자'를 뜻하는 주인공 '심바(Simba)'의 나라로 훌쩍 떠나 그 지역 사람들의 여유와 생의 철학을 느끼고 싶다는 강한 열망을 느꼈다. 이 책은 그러한 작은 경험들이 모여 시작되었다.

『아프리카 동부 해안 지대의 민담 I』은 아프리카 문화의 대중적 확산에 기여하기 위한 목적에서 C. H. Stigand의 『Black Tales for White Children』(1914), G. W. Bateman의 『Zanzibar Tales Told by Natives of the East Coast of Africa』(1901)에 담긴 민담들을 편역한 것이다. 이 두 저작은 모두 동아프리카 해안 지역에서 전해 내려오는 스와힐리어 구전 민담을 채록한 자료들로, 각기 다른 지역에서 여러 사람으로부터 수집된 이야기들은 다양한 언어와 문화를 담은 스와힐리 세계의 다층적 구조를 보여준다.

스와힐리어는 동아프리카에서 사용되는 언어로, 니제르 콩고어족의 반투어군에 속하는 언어다. 그러나, 명칭 자체가 아랍어로 '해안'을 뜻하는 'sawahil'에서 유래한 만큼 스와힐리어와 그 언어를 사용하는 사람들의 문화 속에서 아랍의 흔적을 적지 않게 찾아볼 수 있다. 민담에 등장하는 왕이나 족장을 의미하는 '술탄', 재상 혹은 수장을 뜻하는 '와지르', 술탄의 영토 일부를 관리하는 '왈리' 그리고 '알라', '진', '모스크'와 같은 단어들 모두가 그러한 융합의 흔적이다.

이 책에 담긴 다양한 민담들은 독자를 아랍과 아프리카의 문화가 뒤섞인 아프리카 동부 해안 지대로 초대한다. 특히 다음의 세 가지 점에 주목하여 민담을 읽어 내려간다면 또 다른 재미를 느낄 수 있을 것이다. 우선, 각 민담을 읽으며 아랍 문화와 아프리카 문화의 흔적을 찾아보길 바란다. C. H. Stigand가 그의 책 서문에서 밝힌 것과 같이 아랍계 혈통이 더 많이 분포하는 셀라, 파테, 라무 지역의 방언으로 전해진 "고양이의 꼬리", "바보들의 이야기", "샤니와 타박"과 같은 이야기에서는 아랍 문화의 흔적을, 잔지바르, 음가오, 미세마 해안 지역에서 아프리카 원주민들이 구전하던 이야기인 “바다의 키탕가탕가”, “사냥꾼과 큰 뱀의 이야기”, “꿀을 찾는 새, 세구”와 같은 이야기에서는 아프리카 문화의 흔적을 발견할 수 있다. 또한, 민담에 반복적으로 등장하는 동물들과 그들이 지닌 속성을 살펴보길 바란다. 민담에 자주 등장하는 사자, 하이에나, 자칼, 상어 등은 한국 민담에서는 찾아보기 힘든 동물들이며, 토끼, 뱀과 같이 우리에게 친숙한 동물들도 한국과는 다른 문화적 표상을 지닌다. 동물을 주제로 한 다양한 민담을 읽으며 아프리카 동부 해안 지대의 사람들이 그들에게 친숙한 동물에 어떠한 상징성을 부여하고 있는지 그리고 그러한 상징성이 어떻게 그들의 생활 양식 및 사고방식을 구성하고 있는지를 이해할 수 있을 것이다. 마지막으로, 이 책을 통해 일상에서 마주할 수 없는 아프리카 동부 해안 지대의 자연환경과 문화를 만나는 색다른 경험을 해보기를 바란다. 부시벅, 일랜드, 딕딕, 서발과 같은 낯선 동물들, 잔지바르, 마스카트, 우지지, 타보라 같은 지명, 칸주와 라두 같은 단어는 우리를 눈 깜짝할 사이에 아프리카 동부로 이끌 것이다.

민담을 번역하는 작업은 학술적인 글을 번역하는 작업과는 또 다른 차원의 어려움이 있다. 이번 『아프리카 동부 해안 지대의 민담 I』을 번역하며 마주한 어려움을 극복하는 데는 여러 학생의 도움이 큰 힘이 되었다. 특히, 원고의 교정과 교열에 도움을 준 경희대학교 아프리카연구소 학생연구원들 그리고 삽화를 담당해 준 경희대학교 프랑스어학과 윤은주 학생, 표지 디자인을 맡아준 경희대학교 프랑스어학과 윤주은 학생에게 깊은 감사의 마음을 전한다.

〈목차〉

삽화: 윤은주

윤은주는 경희대학교 프랑스어학과에 재학 중이며 복수 전공으로 국어국문학을 공부하고 있다. 동화를 쓰거나 삽화를 그리는 일에 많은 관심이 있어, 이번 민담 작업을 계기로 관련 경험을 쌓고 있다.

만다섬의 사자

오래전, '만다'라는 섬에 사자 한 마리가 살고 있었다. 그 섬은 '셀라' 마을의 맞은편에 있어 마을 사람들은 매일 밤 사자의 포효를 듣지 않을 수 없었다. 어느 날, 마을에 사는 부유한 상인이 시장 광장에 나와 이렇게 말했다.

"저기 맞은편 만다섬 해안에서 혼자 하룻밤을 보내는 사람에게 백 실링을 드리리다."

그러나 사자가 무서운 나머지 선뜻 나서는 이가 아무도 없었다.

한편, 셀라 마을에는 한 젊은 부부가 살고 있었는데, 그들은 가진 것 하나 없이 매우 가난했다. 시장에 나갔던 남편은 마을 사람들이 하는 이 이야기를 듣고 아내에게 가서 말했다.

"반대편 해안에서 하룻밤을 보내는 사람에게 백 실링을 주겠다고 하는 사람이 있어요. 내가 다녀오겠어요."

그 말을 들은 아내가 말했다.

"여보, 가지 마세요. 사자가 당신을 잡아먹을 거예요."

"나를 보내주세요. 만약 알라가 나를 사랑하신다면 나는 죽지 않을 거예요. 그렇게만 된다면 우리는 끼니를 해결할 돈을 좀 얻을 수 있을 겁니다."

남편의 말을 들은 부인이 체념하며 말했다.

"네, 알겠어요. 알라께서 당신을 보호하시기를."

저녁이 되자 남편은 카누를 타고 만다섬으로 건너가 해변에 누워 잠을 청했다.

남편이 떠나자, 그의 아내는 그를 보낼 수밖에 없었던 것에 슬퍼했고, 남편 걱정에 마음이 매우 무거워졌다. 그래서 불씨와 작은 나무 조각을 챙겨 셀라 해변으로 내려가 작은 불을 피우고 밤새도록 그 앞을 지켰다. 맞은편에 있는 남편이 그 불을 보고 두려워하지 않았으면 하는 마음에서였다.

다음 날 아침, 남편은 무사히 셀라로 돌아왔고 상인에게 백 실링을 요구했다. 하지만 상인이 말했다.

"당신에게 돈을 줄 수 없소. 당신은 당신 아내가 피운 불 덕분에 두려움을 떨치지 않았소?"

상인의 말을 듣고 매우 화가 난 남편은 술탄을 찾아갔다.

이야기를 들은 술탄은 상인을 불러 왜 젊은이에게 백 실링을 주지 않았는지 물었다. 상인이 말했다.

"사실입니다. 저는 그에게 백 실링을 주지 않았습니다. 그는 그 돈을 받을 자격이 없어요. 밤새도록 그를 지켜 준 모닥불이 있었는걸요. 술탄이시여, 제 말이 진실인지 확인하시고 부디 현명한 판단을 내려주십시오."

이 말을 들은 술탄은 청년에게 물었다.

"불을 피웠는가?"

그는 아내가 불을 피웠다고 대답했다. 부유한 상인을 편들고 싶었던 술탄은 그에게 말했다.

"그렇다면 자네는 그 돈을 받을 자격이 없군."

아무런 소득 없이 술탄의 궁전에서 나온 그는 터벅터벅 길을 가다가 지나가던 한 현자와 부딪혔다. 현자는 그에게 무슨 일이 있었는지를 물었고, 이에 청년은 약속한 백 실링을 받지 못한 이야기를 들려주었다. 그 말을 들은 현자가 말했다.

"내가 당신의 돈을 찾아주면, 나에게 무엇을 주겠소?"

"받은 돈의 삼분의 일을 당신에게 주겠습니다."

그렇게 그들은 합의했다.

젊은이는 다시 길을 떠났고, 현자는 술탄에게로 가서 이렇게 말했다.

"내일 정오에 제 농장에서 음식을 대접하고 싶습니다."

술탄은 대답했다.

"고맙소. 꼭 가리다."

현자는 집으로 돌아와 준비를 시작했다. 그는 소를 잡고 고기를 냄비에 넣었지만, 요리하지 않았다. 다음 날 정오에 술탄이 도착하자, 현자는 고기가 든 냄비를 한곳에 따로 두고, 냄비에서 멀리 떨어진 곳에 불을 피웠다. 그 후 하인들에게 지시를 내린 후, 술탄과 함께 베란다에 앉아 대화를 나누었다. 한참 후 현자는 일어나 하인들에게 소리쳤다.

"'바카리'야, '사디'야, 불을 잘 지피고 고기를 뒤집어라."

정오를 훌쩍 넘긴 시간, 배가 고파진 술탄이 현자에게 물었다.

"음식이 아직 준비되지 않았는가?"

현자는 대답했다.

"고기가 아직 익지 않았습니다."

그들은 계속 대화를 이어갔지만, 배가 너무나 고팠던 술탄은 매우 화가 났다.

"이제 음식이 준비되었을 텐데."

술탄의 말을 들은 현자가 외쳤다.

"바카리야, 사디야, 음식이 아직 준비되지 않았는가?"

그들은 대답했다.

"아직 준비가 덜 되었습니다, 주인 어르신."

현자는 다시 말했다.

"불을 잘 지피고 고기를 뒤집어라. 그리하면 곧 음식을 먹을 수 있을 것이니."

이 말을 들은 하인들은 대답했다.

"예, 알겠습니다, 주인 어르신."

또 한참이 지나고, 술탄은 말했다.

"이토록 오랜 시간이 지났으니 분명 고기가 익었을 터인데."

그는 직접 확인하기 위해 몸을 일으켰다.

마당 한쪽에서는 하인들이 열심히 불을 지피고 있었고 다른 한쪽에서는 하인들이 고기가 담긴 냄비를 뒤젓고 있었다. 이를 본 술탄이 현자에게 말했다.

"고기가 어떻게 익을 수 있겠는가? 냄비는 마당 한구석에 있고 불은 다른 쪽에 있는데?"

현자가 대답했다.

"술탄이시여, 음식은 그렇게 만들어집니다."

그러자 술탄은 매우 화를 내며 말했다.

"그렇게 해서 음식을 익힐 수 있다는 것이 말이 되는가?"

"불가능하겠지요."

현자가 나지막한 목소리로 대답했다.

"이것이 바로 어제 당신 때문에 백 실링을 얻지 못한 청년 그리고 섬 맞은편에 있던 불의 경우와 같은 것이 아니겠습니까?"

이 말을 들은 술탄이 말했다.

"당신의 말이 옳소, 현자여! 그 청년은 백 실링을 얻게 되었구나. 여봐라, 어서 상인에게 가서 그 청년에게 백 실링을 즉시 지급하라고 전해라."

그리하여 청년은 만다섬에서 잠을 잔 대가로 백 실링을 받았다. 하지만 현자는 그가 처음에 요구했던 그의 몫은 받지 않았다.

펨바 무호리

오래전 일곱 아들을 둔 한 부부가 있었다. 그 중 '하펜데키'라고 불리는 아들은 이들의 마지막 일곱 번째 아들이었다.

아이들이 어엿한 청년으로 성장하던 어느 날 가장 어린 하펜데키가 부부에게 물었다.

"남자에게 있어 삶의 목표는 무엇일까요?"

이 말을 들은 부부는 대답했다.

"좋은 아내를 맞아 행복하게 사는 것이란다."

그러자 하펜데키가 말했다.

"만약 그것이 정말이라면, 저에게 좋은 아내를 찾아주세요."

부부는 대답했다.

"얘야, 너는 너무 젊어서 아내를 돌볼 수 없을 것이다."

"걱정하지 마시고, 저에게 좋은 아내를 찾아주십시오."

하펜데키가 말했지만, 부부에게 하펜데키는 너무나 어린 아들일 뿐이었다.

"얘야. 너는 아직 너무 젊어."

"좋습니다. 저에게 아내를 찾아봐 주지 않으시겠다면, 제가 직접 찾아보겠습니다."

그래서 그는 구석구석 돌아다니며 아내로 맞이할 여인

을 찾았고, 결국 그녀를 데려와 결혼식을 올렸다.

환희에 가득 찬 결혼식을 끝낸 신혼부부는 약속된 기간까지 집 안에 머물렀다. 정해진 신혼 기간이 거의 끝나갈 무렵, 그의 아내가 하펜데키에게 말했다.

"이제 신혼 기간이 거의 끝났으니, 밖으로 나갈 때 입을 예쁜 옷이 필요해요."

이 말을 들은 남편은 밖으로 나가, 인도인과 바냐인들의 가게를 모두 찾아다니며 옷을 찾았고, 도시에서 구할 수 있는 가장 좋은 옷을 모두 사서 한 짐 가득 집으로 가져왔다. 그리고 아내에게 말했다.

"여보, 내가 가져온 옷을 보세요. 당신을 위해 사 왔어요."

아내는 상자를 열고 물건을 살펴보며 말했다.

"이게 옷이라고요? 이런 옷을 입고 나가라고요?"

그래서 남편은 배를 타고 '무스카트'로 갔다. 그리고 그곳에서 찾을 수 있는 가장 아름다운 옷들을 종류별로 모두 사서 바구니 두 개에 가득 담아 집으로 향했다.

바구니를 든 그가 집에 들어서자, 아내는 남편의 식사를 준비했다. 식사를 마친 후 그는 아내에게 말했다.

"자, 이제 짐을 열어보세요. 그리고 내가 가져온 옷을 보세요."

그녀는 짐을 풀어 옷을 보더니 말했다.

"이게 옷이라고요? 이런 걸 사 오다니, 정말 당신은 바보군요. 이런 걸 아내에게 입으라고요? 풀과 나무껍질로 만든 옷을 입으라고요? 이런 걸 입을 수 있다고 생각했나요?"

그러자 그가 말했다.

"여보, 이게 내가 찾을 수 있는 가장 좋은 옷이에요. 그렇다면, 당신이 원하는 옷이 어떤 것인지 말해줄 수 있겠소?"

그러자 아내는 말했다.

"여보, 바다뱀 '펨바 무호리'의 가죽으로 만든 옷 정도는 돼야 저에게 어울리지 않겠어요?"

다음 날, 그는 부모님에게 가서 모든 일을 이야기했다. 아들의 이야기를 들은 그들은 말했다.

"우리가 이미 너에게 아내를 돌볼 수 없을 거라고 말하지 않았느냐?"

그의 형들도 거들었다.

"네가 막내인데, 우리들보다 먼저 결혼해야 했니? 그래서 네가 이렇게 된 거야."

하펜데키는 어머니에게 말했다.

"어머니, 저는 말이나 조언은 원하지 않습니다. 소원이 하나 있는데 들어주실 수 있으시겠죠? 일곱 개의 빵을 구워, 빵과 담배, 성냥을 하나씩 넣은 꾸러미 일곱 개를 만들어 주세요."

그의 어머니는 일곱 개의 빵을 굽고 꾸러미를 만들었다. 다음 날 그는 칼과 꾸러미를 들고 길을 떠났다. 그는 평원과 숲을 끊임없이 누볐고 한 달 정도 지났을 때, 큰 호수에 도착했다. 그는 호숫가에 앉아 빵을 하나 꺼내 먹고 담배 한 개비를 피우며 생각했다.

'펨바 무호리는 분명 이 호수에 있을 거야.'

그래서 그는 노래를 불렀다.

"펨바 무호리, 펨바 무호리, 거기에 있느냐?
내 아내가 네 가죽으로 만든 옷을 입고 싶다네.
그래서 나를 이리로 보냈다네."

하지만 아무 소리도 들리지 않았다. 그래서 그는 다시 짐을 들고 사막과 언덕을 끊임없이 누볐다. 그리고 또 한 달이 지났을 때, 지난번보다 더 큰 호수에 도착했다. 그는 호숫가에 앉아 빵을 하나 꺼내 먹고 담배 한 개비를 피우며 노래했다.

"펨바 무호리, 펨바 무호리, 거기에 있느냐?
내 아내가 네 가죽으로 만든 옷을 입고 싶다네.
그래서 나를 이리로 보냈다네."

하지만 아무 소리도 들리지 않았다. 그는 다시 길을 떠났다. 그가 지난번보다 더 큰 호수에 이르렀을 때, 그는 이미 집을 떠난 지 세 달째가 되었다. 그는 호숫가에 앉아 빵을 하나 꺼내 먹고 담배 한 개비를 피우며 노래했다. 하지만 아무 소리도 들리지 않았다.

그는 계속 여행했다. 매달, 이전보다 더 큰 호수에 이르렀고, 늘 호숫가에 앉아 빵을 하나 꺼내 먹고 담배 한 개비를 피우며 노래했다. 그리고 여섯 번째 달이 끝날 무렵, 그는 이전에 본 어떤 호수보다도 큰 호수에 도착했다. 그 호수의 너비는 '타보라'에서 해안까지의 거리만큼이나 되었다.

"펨바 무호리가 여기 없을 리가 없지."

하펜데키는 호숫가에 앉아 빵을 하나 꺼내 먹고 담배 한 개비를 피우며 노래했다.

"펨바 무호리, 펨바 무호리, 거기에 있느냐?
내 아내가 네 가죽으로 만든 옷을 입고 싶다네.
그래서 나를 이리로 보냈다네."

하지만 아무 소리도 들리지 않았다. 그래서 그는 짐을 들고 계속 길을 떠났다. 이제 그에게 남은 것은 빵 한 덩어리와 담배 한 개비, 성냥 한 개뿐이었다.

일곱 번째 달이 끝날 무렵, 하펜데키는 '우지지'에서 '잔지바르'까지의 거리만큼 넓은 호수에 이르렀다. 호숫가에는 하얀 모래가 깔려 있었는데, 마치 새하얀 면직물 같았다.

호숫가에 앉은 그는 생각했다.

'이제 내 마지막 음식이 다 떨어졌군. 여기에도 펨바 무호리가 없으면 어떻게 하지?'

그는 마지막 빵을 먹었다. 그리고 마지막 담배를 피우려 꺼내 들었지만 그만 성냥이 꺼지고 말았다. 그는 담배를 호수에 던지며 말했다.

"어쩔 수 없지. 이제 내게는 아무것도 남지 않았군."

그리고 마지막 노래를 불렀다.

> "펨바 무호리, 펨바 무호리, 거기에 있느냐?
> 내 아내가 네 가죽으로 만든 옷을 입고 싶다네.
> 그래서 나를 이리로 보냈다네."

노래가 끝나기 무섭게, 천둥 같은 소리가 나고 거대한 파도가 거품을 내며 호숫가로 밀려왔다. 그리고 펨바 무호리가 일곱 개의 머리를 드러냈다.

"누가 감히 내 이름을 제멋대로 들먹이는가?"

"나다, 하펜데키다."

하펜데키는 칼을 뽑아 뱀의 머리 하나를 베었고, 잘린

머리를 한쪽에 놓았다. 화가 난 뱀이 다가와 말했다.

"누구냐, 넌? 이 한 입 감도 안 되는 녀석아."

하펜데키는 칼을 들어, 또 다른 머리를 베어냈다. 뱀은 물속으로 몸을 숨겼다. 하펜데키는 잘린 머리를 들어 한쪽에 놓았다.

채비를 마친 뱀이 다시 그를 향해 달려들었다. 그는 세 번째, 네 번째, 다섯 번째 머리를 차례로 베어 옆에 놓았다.

"네가 마법을 부린들 나를 죽일 수 있다고 생각하느냐? 이런 꼬맹이 녀석."

펨바 무호리는 이렇게 말하고는 그를 향해 달려들었다. 하펜데키는 여섯 번째 머리를 베어 옆에 놓았다. 뱀이 일어나 마지막 공격을 가하자, 하펜데키는 마지막 일곱 번째 머리를 잘라내고 재빨리 도망쳤다.

펨바 무호리는 몸을 비틀거리며 꼬리를 사방으로 휘둘렀고, 이에 산들은 호수에 빠지고 파도는 언덕을 찢어냈다. 모든 것이 다시 조용해지자 하펜데키는 돌아와 펨바 무호리의 머리들을 주워들었다. 머리는 너무나 무거웠다. 여섯 번째 머리를 들어 올릴 때는 다리가 휘청거릴 정도였다.

"이 모든 것을 집으로 가져가 아내에게 꼭 보여 주어야 해."

그는 힘을 내어 일곱 번째 머리를 들어 올렸다. 모든 머리를 손에 넣은 하펜데키가 고개를 들어 주변을 둘러보았다. 놀랍게도 그는 이미 그의 집 안에 있었다. 아내는 그를 보고 놀라 말했다.

"여보, 이게 무슨 일이에요?"

하펜데키가 대답했다.

"신의 은총인 것 같군요."

아내는 돌아온 남편을 위해 재빨리 음식을 준비했다.

"식사가 준비되었습니다. 어서 드세요."

하펜데키는 아내에게 말했다.

"지난번, 당신은 나에게 내가 당신이 원하는 옷을 가져오지 않았다고 바보라고 하지 않았소? 내가 가져온 상자 안에 당신이 원하는 옷이 있는지 확인해 보세요. 그리고 나서 식사를 하겠소."

짐을 풀어본 아내는 깜짝 놀랐다. 이웃들도 와서 보고는 깜짝 놀랐다. 그 속에 펨바 무호리의 일곱 머리가 들어 있었기 때문이다.

하펜데키는 속으로 생각했다.

'이제 아내에게 교훈을 주어야겠다. 나에게 많은 근심과 걱정을 안겼으니."

다음 날 그는 큰 잔치를 준비하라고 아내에게 말하고는

그의 모든 친구를 초대했다.

친구들은 모두 하펜데키의 집으로 와서 배부르게 먹었다. 식사가 끝날 무렵, 그가 아내에게 말했다.

“여보, 마실 물 좀 가져다주세요. 목이 마르네요.”

아내는 물을 가져왔고, 물을 본 그는 말했다.

“이걸 물이라고 가져왔소? 내가 이런 걸 마실 수 있다고 생각했소?”

아내는 서둘러 우유를 가져왔다. 그런 아내를 보고 하펜데키가 말했다.

“도대체 뭘 가지고 온 거예요? 이걸 마시라니, 내가 어린아이인 줄 아시오?”

또다시 아내는 서둘러 술에 꿀을 넣어 가져왔다. 그런 아내를 보고 하펜데키가 말했다.

“내가 술꾼인 줄 아시오? 물을 달라고 했는데, 술을 가져오다니.”

남편의 심중을 알 수 없던 아내가 물었다.

“여보, 도대체 어떤 물을 원하는 거예요? 말해주세요. 가져다줄게요.”

아내의 물음에 하펜데키가 대답했다.

“당신이 가져온 물에서는 개구리 냄새가 나니, 개구리가 없는 호수에서 물을 가져와 주세요.”

아내는 물 항아리를 가져다 머리에 이고 밖을 나섰다. 하펜데키는 칼을 어깨에 메고 그녀를 따라가서, 멀리서 그녀가 무엇을 하는지 지켜보았다.

그녀는 계속 걸어가다가 큰 호수에 이르렀다.

"그래, 이 물이면 될지도 몰라."

그래서 그녀는 노래를 불렀다.

> "내 남편이 나를 여기로 보냈지.
> 개구리가 그의 물갈퀴로 휘젓지 않은,
> 그런 물을 길어오라고 했다네."

그러자 개구리들이 대답했다.

"개굴개굴, 개굴개굴."

그녀는 물 항아리를 들고 계속해서 걸어갔다. 또 다른 큰 호수에 이르자, 다시 노래를 불렀다.

> "내 남편이 나를 여기로 보냈지.
> 개구리가 그의 물갈퀴로 휘젓지 않은,
> 그런 물을 길어오라고 했다네."

"개굴개굴, 개굴개굴."

그녀는 계속해서 길을 떠났고, 남편은 조용히 그 뒤를

따랐다. 호수에 도착할 때마다 아내는 계속 노래를 불렀지만, 개굴개굴 소리를 듣지 못한 적이 없었다. 또다시 길을 떠난 그녀는 큰 호수에 도착해 노래를 불렀다.

> "내 남편이 나를 여기로 보냈지.
> 개구리가 그의 물갈퀴로 휘젓지 않은,
> 그런 물을 길어오라고 했다네."

아무 소리도 들리지 않았다.

"이것이 진정 내 남편이 원하는 물일 거야."

그녀는 물 항아리를 채우고는 집으로 돌아가려고 몸을 돌렸다. 그때, 커다란 괴물이 나타나 중얼거렸다.

"사람 냄새가 난다, 사람 냄새가 난다."

아내의 뒤에 있던 남편은 괴물을 다루는 법을 알고 있었다.

> "악마여, 물러가라! 물러가라!
> 악마여, 물러가라! 물러가라!
> 내 아내여, 어서 먼저 도망가시오.
> 악마여, 물러가라! 물러가라!"

하펜데키의 말을 들은 아내는 재빨리 달아났고, 괴물

이 그녀를 따라가려 하자 남편은 그의 꼬리를 잘라냈다. 그 순간, 그는 다시 그의 집 안에 있었고 그의 아내는 막 문을 넘어 집 안으로 들어가려는 찰나였다. 하지만 그녀는 문턱을 넘을 수 없었다. 머리에 이고 있는 물 항아리를 내려 문으로 들어가려고 했지만, 항아리가 꿈쩍도 하지 않았기 때문이다.

이를 본 한 이웃이 다가와 항아리를 내리는 것을 도와주었다. 그러나 항아리는 꿈쩍도 하지 않았다. 두 명이 왔고, 다섯 명이 왔고, 또 스무 명이 왔지만, 항아리를 내리는 것은 불가능했다. 오십 명이 와 항아리를 내리려 했지만 실패했고, 마지막으로 오백 명이 이를 시도했지만, 소용이 없었다.

그때 남편이 나와서 말했다.

"여보, 그 물 항아리를 내려놓으시오."

말과 동시에 그는 그녀의 얼굴을 철썩 내려쳤고, 그 순간 물 항아리가 아래로 떨어졌다. 그의 아내가 그에게 말했다.

"왜 나를 때린 거죠?"

남편이 말했다.

"여보, 바로 그 때문에 당신이 물 항아리의 저주로부터 풀려난 거예요. 오백 명의 장정들이 와도 불가능했던 일을 내가 해내지 않았소?"

하지만 화가 풀리지 않은 아내는 술탄에게 가서 남편이 자신을 때렸다고 말했다. 술탄은 병사들을 보내 하펜데키를 잡아 오라고 명령했고, 그가 끌려오자 술탄은 그에게 말했다.

"어떻게 네 아내인 이 여자를 때릴 수 있었느냐?"

하펜데키는 술탄에게 그간 있었던 일을 남김없이 모조리 말해주었다. 모든 이야기를 들은 술탄은 그에게 물었다.

"펨바 무호리의 머리를 가지고 있느냐?"

"그것들은 제 집에 있습니다."

하펜데키의 말을 들은 술탄이 말했다.

"그것들을 여기 가져오라. 그래야 네 이야기가 진실인지 알 수 있을 것이다."

"오늘 밤 8시에 여기 가져오겠습니다. 하지만 제가 올 때 모든 불을 꺼주시고, 제가 말씀드릴 때 불을 켜주십시오."

밤 8시가 되자 하펜데키는 일곱 개의 머리를 가져왔다. 불이 꺼진 궁전은 매우 깜깜했다. 그는 술탄의 궁전 정면에 펨바 무호리의 머리를 배치하기 시작했다. 한 개는 지붕에, 나머지는 일곱 층으로 된 궁전의 각 층에 하나씩 놓았다.

이윽고 불이 켜지자 모두 두려움과 놀라움에 뒤로 물

러섰다. 빛 속에 펨바 무호리의 일곱 머리가 반짝이고 있었기 때문이다.

사람들은 환호했다. 트럼펫과 대포도 굉음을 내며 하펜데키의 공적을 칭송했다. 술탄은 용감한 하펜데키를 그의 딸과 결혼시키기로 했다.

고양이의 꼬리

'라무'라는 지역에 한 여자와 그녀의 남편이 살고 있었다. 그들은 항상 서로 다른 의견을 내세우기를 즐겼다. 어느 날, 그들이 고기를 먹고 있을 때 고양이 한 마리가 들어와서 그들을 쳐다보았다. 이를 본 아내가 남편에게 말했다.

"고양이의 꼬리는 뒤쪽에 끼어 있는 걸 거야."

남편이 아내에게 말했다.

"아니야, 끼어있는 게 아니야. 뒤쪽에 자라나 있는 거지."

그들은 이 문제로 여러 날 동안 다투었다. 그들이 너무나 시끄럽게 다투던 탓에 그의 이웃들이 그들을 마을에서 내쫓겠다고 위협할 정도였다. 남편도 아내도, 모두 서로의 의견을 절대 굽히지 않았다. 그래서 그들은 '셀라'에 사는 현자를 찾아가서 답을 얻기로 했다.

긴 여행에 그들은 각각 1실링씩을 챙겨 그것을 옷자락 한쪽에 묶고 셀라로 향하기로 했다. 부부는 가는 동안에도 내내 심하게 다투었고, 지나가는 사람들은 모두 고개를 돌려 그들을 쳐다보았다. 마침내 그들은 셀라 마을에 도착해 현자의 집을 찾았다. 현자는 그들의 옷에 달린 커다란 동전을 보고는 미소를 지으며 그들을 집으로 초대했다. 아내가 물었다.

"당신이 가진 책에는 고양이 꼬리가 끼어 있는지 아니면 자라나 있는지 나와 있을까요?"

남편이 말했다.

"여보, 질문이 잘못되지 않았소? 고양이 꼬리가 자라나 있는지 끼어 있는 것인지 찾아봐 주십시오."

현자는 이 부부의 어리석은 행동에 미소를 지으며 이렇게 말했다.

"대답에 대한 대가가 있어야 하지 않겠소? 고양이 꼬리가 끼어 있는지 아니면 자라나 있는지 묻는 말에 대한 답으로 1실링, 그리고 자라나 있는지 아니면 끼어 있는지 묻는 말에 대한 답으로 1실링이오."

그들이 각각 1실링씩을 내놓자, 현자는 책을 살펴보는 척했다. 한참을 살펴본 현자가 말했다.

"당신 둘 다 틀렸소. 고양이의 꼬리는 끼어 있지도 않고 자라나 있지도 않으며, 자라나 있지도 않고 끼어 있지도 않소. 단지 달려 있을 뿐이오."

이 말을 들은 그들은 아무 말 없이 집으로 돌아갔다. 현자는 웃으며, 2실링을 챙겼다.

젊은 도둑

오래전 결혼을 원하던 한 남자가 있었다. 결혼에 앞서 그는 예언자들을 찾아가서 자신의 미래를 말해 달라고 부탁했다. 예언자들은 책을 살펴보고는 그에게 말했다.

"만약 당신이 결혼한다면 반드시 아이를 낳을 것입니다. 매우 잘생긴 아들 말입니다. 하지만 그에겐 한 가지 결점이 있을 겁니다. 그는 도둑이 될 것인데, 보통 도둑이 아니지요. 역사상 가장 큰 도둑이 될 것입니다."

남자가 말했다.

"상관없소. 도둑이 된다 하더라도 상관없소. 나는 아들을 원하오."

결국 그는 결혼했고, 얼마 지나지 않아 아주 잘생긴 아들이 태어났다.

그는 아들을 애지중지 키웠다. 스승을 모실 수 있을 나이가 되자, 남자는 매일 와서 아들을 교육해 줄 선생을 한 명 고용했다. 그리고 마을에서 조금 떨어진 곳에 집을 지어 아이를 그곳에 살게 했다. 선생은 매일 아침 그곳에 와서 하루 종일 가르치고 저녁이 되어서야 집으로 돌아갔다.

남자는 선생에게 아들이 자신 외에는 절대로 다른 사

람과 만나지 않게 해달라고 신신당부했다. 다른 사람을 만나지 않으면 도둑질을 가르쳐 줄 사람도 없을 것이니, 예언자들이 말한 운명을 피할 수 있을 것이라고 생각했기 때문이다.

어느 날 선생은 소년에게로 와서, 술탄의 말에 관해 이야기해 주었다. 그 말은 혼자서 운동을 나가고 혼자서 마구간으로 돌아오는데, 매우 강하고 빠르다는 것이었다.

선생의 말을 들은 아이는 선생에게 술탄의 궁전이 어디에 있는지 물었고, 선생은 그를 평평한 지붕 위로 데려가 궁전과 그 주변을 가리켜 보여주었다. 그날 밤, 선생이 떠나자 소년은 몰래 나와 술탄의 마구간에 가서 말을 훔쳐 타고는 집으로 돌아왔다.

다음 날 선생은 수업에 조금 늦었다.

"스승님, 오늘 무슨 일이 있으셨나요? 조금 늦으셨네요."

"오는 길에 깜짝 놀랄 소식을 들었지 뭐냐. 내가 어제 말한 술탄의 말이 도둑맞았다고 하는구나."

그러자 그 소년이 물었다.

"술탄은 어떻게 하실 생각인가요?"

"처음엔 병사들을 보내 알아보라고 하려 했지만, 책을 보고 도둑을 알아낼 수 있는 예언자가 있다는 소식을 듣고 먼저 그에게 가서 물어보려고 한다는구나."

"그 예언자는 어디에 살아요?"

소년의 질문에 선생은 예언자의 집과 그 주변을 가리켰다.

그날 밤 소년은 몰래 나와 예언자의 집으로 갔다. 마침, 예언자는 밖에 나가고 없었다. 소년은 그의 아내를 보고 말했다.

"부인, 예언자님께서 책 상자를 가져오라고 저를 보내셨습니다."

예언자의 아내는 남편의 마법 책이 모두 들어 있는 상자를 가져와 소년에게 주었고, 소년은 그 상자를 받아 들고 집으로 돌아왔다.

다음 날 역시 선생은 조금 늦게 소년의 집에 도착했다. 선생이 도착하자 소년이 물었다.

"스승님, 왜 늦으셨나요?"

"오는 길에 깜짝 놀랄 소식을 들었지 뭐냐. 내가 어제 말한 예언자 말이다. 술탄의 말 도둑을 찾아내기로 한 그자. 그런데 그가 마법의 책을 모두 도둑맞았다고 하는구나."

소년이 물었다.

"술탄은 어떻게 하실 생각인가요?"

"처음엔 병사들을 보내 알아보라고 하려 했지만, 마법을 써서 도둑을 알아낼 수 있는 마법사가 있다는 소식을 듣고 먼저 그에게 가서 물어보려고 한다는구나."

그러자 소년이 물었다.

"그 마법사는 어디에 살아요?"

그래서 선생은 그를 지붕으로 데려가 마법사의 집과 그 주변을 가리켰다.

그날 밤, 선생이 떠난 후 소년은 마법사의 집으로 갔다. 그는 마법사가 집에 없는 것을 확인하고는 그의 아내를 보고 말했다.

"부인, 마법사님께서 주술 가방을 가져오라고 저를 보내셨습니다. 하지만, 공교롭게도 이것 참 난처한 일이군요. 어제 예언자가 같은 방식으로 책을 도둑맞았다고 들었어요."

소년의 말을 들은 부인이 말했다.

"걱정 말거라, 얘야. 넌 도둑이 아니잖니?"

마법사의 아내는 남편의 주술 가방을 가져와 소년에게 주었고, 소년은 그것을 받아 들고 집으로 돌아왔다.

다음 날, 선생이 도착하자 소년은 마을에 새로운 소식이 없는지 물었다.

"내가 어제 한 마법사에 대해 이야기하지 않았니? 그

런데 바로 그 마법사가 어젯밤에 주술 가방을 도둑맞았다고 하는구나."

소년이 물었다.

"술탄은 어떻게 하실 생각인가요?"

"처음엔 병사들을 보내 알아보라고 하려 했지만, 어떤 여자가 도둑을 알고 있다고 하여, 그 여자에게 사례를 하고 물어보려고 한다는구나."

소년은 그 여자가 어디에 사는지 물었고, 선생은 그 집을 가리켜 보여주었다.

그날 밤, 소년은 밖으로 나가 그 여자의 집으로 갔다. 집 앞에서 그녀를 만난 소년이 말했다.

"부인, 목이 너무 마르는데, 물 한 모금 주시겠어요?"

부인이 물을 길으러 우물로 향하자, 소년은 그녀 뒤를 조용히 따라가서 그녀를 우물에 밀어 넣었다. 그다음, 그 부인의 집에 들어가 옷과 보석을 훔쳐 집으로 돌아왔다.

다음 날, 소년은 선생에게 마을에 새로운 소식이 없는지 물었다.

"애야, 어제 내가 말하지 않았니? 도둑의 이름을 아는 여자가 있다고. 그런데 바로 어젯밤에 바로 그 도둑이 와서 그녀를 우물에 밀어 넣고 그녀의 물건을 훔쳐 갔다고 하는구나."

소년이 물었다.

"술탄은 어떻게 하실 생각인가요?"

"병사들을 보내 알아보라고 한다는구나."

그날 밤, 선생이 떠난 후 소년은 병사로 변장하고 나가, 도둑을 찾고 있는 술탄의 병사들을 만났다. 소년이 말했다.

"이렇게 하면 도둑을 찾을 수 없어요. 도둑을 찾으려면 한 곳에 조용히 앉아 꼼짝 말고 있어야 해요. 그러면 그를 보거나, 그의 소리를 들을 수 있을 겁니다."

소년은 그들을 모두 한곳으로 데려가 앉게 했다. 피곤했던 병사들은 한 명 한 명 잠에 빠져들었다. 병사들이 모두 잠들자, 소년은 그들의 무기와 옷을 모두 챙겨 집으로 돌아왔다.

다음 날, 선생이 도착하자 소년은 마을에 새로운 소식이 없는지 물었다.

"어젯밤 술탄이 병사들을 보내 도둑을 찾게 했는데, 도둑이 그들의 무기와 옷을 훔쳤다지 뭐냐. 그래서 병사들은 벌거벗은 채로 돌아갔다더구나."

소년이 물었다.

"술탄은 어떻게 하실 생각인가요?"

"오늘 밤 술탄이 직접 도둑을 찾으러 간단다."

그 말을 들은 소년이 말했다.

"잘됐네요. 술탄의 지혜는 위대하니까요."

그날 밤 소년은 여자로 변장했다. 아름다운 옷과 향기로운 향수로 치장하고는 밖으로 나갔다. 멀리서 등불이 보였다. 술탄이었다. 소년은 도둑을 찾고 있는 술탄에게 다가갔다.

향기에 이끌린 술탄이 뒤를 돌아보니, 매우 아름다운 여인이 있었다. 술탄이 물었다.

"당신은 누구시오?"

소년이 대답했다.

"집으로 돌아가던 중, 당신의 불빛을 보았습니다. 길을 비켜드리려 합니다."

술탄이 말했다.

"잠시 이쪽으로 와 이야기를 좀 나눌 수 있겠소?"

마침 그들은 있던 곳이 감옥 바로 앞이었던 탓에 소년은 그 안에서 술탄과 잠시 이야기를 나누기로 했다. 그들이 안쪽으로 들어갔을 때, 소년은 놓여있던 족쇄를 한 쌍 집어 들고 술탄에게 물었다.

"이것은 무엇입니까?"

술탄은 대답했다.

"그것은 우리가 죄수의 발에 채우는 족쇄요."

그러자 소년이 말했다.

"제가 직접 해봐도 될까요? 어떻게 작동하는지 보고 싶습니다."

술탄은 말했다.

"부인께서 직접 하시긴 힘드실 터이니, 내가 직접 시범을 보여드리리다."

그리고 그는 자신의 발에 족쇄를 채웠다. 잠시 후, 소년이 위를 올려다보니 쇠사슬이 매달려있었다.

"이것은 무엇인가요?"

술탄은 대답했다.

"그것은 죄수의 목에 감는 것인데, 끝은 벽에 고정되어 있소."

그러자 소년이 말했다.

"제가 목에 감아봐도 될까요? 어떻게 작동하는지 보고 싶습니다."

이번에도 술탄이 직접 나섰다.

"부인께서 직접 하시긴 힘드실 터이니, 내가 직접 목에 감아 보여드리리다."

술탄이 목에 쇠사슬을 감자, 소년은 족쇄와 쇠사슬을 잠그는 열쇠를 재빨리 숨겼다. 잠시 후, 소년이 위를 올려다보니 채찍이 걸려있었다.

"이것은 무엇인가요?"

"그것은 죄수들이 말을 듣지 않을 때 내리치는 채찍이오."

술탄의 말이 끝나기 무섭게 소년은 채찍을 집어 들고 술탄을 때리기 시작했다. 깜짝 놀란 술탄이 말했다.

"장난이 지나치지 않소? 이 정도면 충분하니 그만 하시오."

그러나 소년은 한참 동안 술탄을 향해 채찍을 휘두른 후, 술탄을 그곳에 그대로 두고 감옥 문을 잠근 뒤 열쇠를 모두 챙겨 집으로 돌아왔다. 다음 날 아침, 감옥에 갇힌 술탄이 발견되었지만, 아무도 그곳에 들어갈 수 없었다. 술탄은 도시 곳곳에 사람을 보냈다.

"감옥에서 술탄을 구해내는 자에게는 그가 저지른 모든 죄를 사면해 주겠다."

술탄의 말은 곧 소년의 귀에 들어갔다.

"가서 사실을 말하기 전에, 서면으로 확실하게 해 두어야겠어."

소년은 와지르에게 갔고, 와지르는 곧 술탄의 말이 담긴 문서를 작성했다. 마침내 술탄의 서명이 담긴 문서를 받아 든 소년은 모든 열쇠를 넘겨주었다.

술탄은 풀려난 후 소년을 궁전으로 불러들였다. 소년

은 자신이 훔쳤던 말과 예언자의 마법 책, 마법사의 주술 가방, 여성의 옷과 보석, 병사들의 무기와 옷을 모두 가지고 궁전에 도착했다. 술탄은 소년의 이야기를 모두 듣고는 그가 정말로 매우 현명한 청년이라고 말하며 그를 자신의 와지르로 임명했다.

살인묘 눈다 그리고 애꾸눈의 기원

오래전 한 술탄이 있었고, 그에게는 일곱 아들이 있었다. 그는 아들들에게 배를 주어 해외로 떠나게 했고, 모두 많은 재물을 가지고 돌아왔다. 하지만 단 한 아들은 예외였다. 바로 막내아들이었다. 그가 가져온 것은 개 한 마리와 고양이 한 마리뿐이었는데, 그래서인지 그는 그것들을 살뜰히 키우기 시작했다. 머지않아 개가 죽고 고양이만 남게 되었지만, 그 고양이는 무럭무럭 자라 염소 한 마리를 통째로 먹어 치울 정도가 되었다.

하지만 고양이의 먹성은 날이 갈수록 심해졌다. 어느 날 아들이 술탄에게 말했다.

"아버지, 제 고양이가 먹을 소를 주세요."

술탄은 소를 주었고, 고양이는 계속 자라나서 결국 술탄의 모든 낙타와 소를 다 먹어 치웠다. 참다못한 술탄이 아들에게 말했다.

"그 고양이를 마을 밖으로 내쫓아라. 그 고양이가 우리가 가진 모든 것을 먹어 치우고 있지 않느냐?"

그 고양이는 쫓겨나 숲으로 가서 살게 되었고, 거기서 자라며 점점 몸집이 커졌다. 고양이에게는 '눈다'라는 이름도 생겼다.

어느 날 눈다가 마을로 찾아와 술탄과 그의 모든 아들을 포함한 마을의 사람들을 모조리 먹어 치웠다. 하지만 다행히도 위층에 몸을 숨기고 있던 술탄의 아내만은 살아남았다. 마을의 모든 사람을 다 먹었다고 생각한 눈다는 다시 숲으로 돌아갔다.

술탄의 아내는 위층에 머물며 아들을 낳고 그에게 '모하메드'라는 이름을 붙였다. 그녀는 아들을 애지중지 키웠다.

한참이 지난 어느 날 모하메드가 어머니에게 물었다.

"어머니, 왜 우리 둘만 여기 있고 다른 사람은 아무도 없나요?"

그의 어머니가 그에게 말했다.

"창문을 열고 밖을 내다보아라."

모하메드는 창문을 열고 밖을 내다보았다.

"무엇을 보았니?"

어머니가 물었고, 모하메드가 대답했다.

"많은 집이 보입니다."

그녀는 모하메드가 태어나기 전의 이야기를 그에게 해주었다.

"그곳은 한때 사람들로 가득 차 있었지만, 눈다가 와서 모두 먹어 치웠단다. 심지어 네 아버지와 형제들도 말이다."

그 이야기를 들은 모하메드가 물었다.

"제 아버지는 무기를 가지고 계셨나요?"

어머니는 대답했다.

"네 아버지께서는 종종 전쟁에 나가셨지. 아버지가 사용하던 총과 창, 활과 화살, 방패가 여기 있단다."

"활과 화살을 저에게 주십시오. 눈다를 잡아오겠어요."

모하메드는 활과 삼백 개의 화살을 들고 길을 떠났다. 숲을 헤치며 계속 걷고 또 걷던 어느 날 그는 코뿔소를 만났다. 모하메드는 속으로 생각했다.

'저것이 바로 눈다일 거야.'

그래서 그는 삼백 개의 화살이 모두 동이 날 때까지 화살을 쏘고 또 쏘아 코뿔소를 처치했다. 그다음 코뿔소의 다리 하나를 잘라내어 집으로 걸음을 옮겼다. 집 근처에 이르자 그는 노래했다.

"이것이 눈다라네.
사람을 죽이는 눈다라네."

노랫소리를 들은 그의 어머니가 위층에서 내려다보며 노래했다.

"내 아들아,

그건 사람을 죽이는 눈다가 아니란다."

그가 집으로 들어오자, 그녀는 말했다.

"내 아들아, 그건 눈다가 아니야. 코뿔소지."

모하메드는 몹시 실망했다.

"오늘 밤은 여기에서 자고, 내일 다시 출발하겠어요."

다음 날 아침, 그는 일곱 개의 활과 천 개의 화살을 챙겨 집을 나섰다. 그는 숲과 평원을 지나며 계속 여행했고, 결국 한 정원에 도착해 그곳에 앉았다.

잠시 후, 산에서 큰 먼지가 일어나 평원 쪽으로 내려왔다.

모하메드는 나무에 올라갔다.

'저것이 바로 눈다일 거야.'

잠시 후 먼지 속에서 큰 동물이 나와 정원으로 내려왔고, 물을 마시기 시작했다. 얼마나 많이 마시던지, 오후 3시부터 저녁 6시까지 쉬지 않고 물을 들이켰다.

나무 위에 있던 모하메드는 중얼거렸다.

"내가 죽을 운명이라면 이미 죽은 것이요, 도망칠 운명이라면 이미 도망친 것이니."

모하메드는 화살을 쏘기 시작했고, 곧 오백 발을 쏘았다. 하지만, 물을 마시던 동물은 유유히 고개를 들어 잠시 주위를 살필 뿐이었다. 그래서 그는 남은 오백 개의 화살을 꺼내, 그 화살을 모두 다 쏘고 나서 활을 던져 버렸다.

화살을 맞은 동물은 일어나 모하메드가 앉아 있는 나무 쪽으로 고통스럽게 몸을 날렸지만, 그에게 닿진 못했다. 날이 밝자, 모하메드는 아래를 내려다보았다. 동물은 이미 죽어 있었다. 그는 내려가 다리 하나를 잘라내어 집으로 걸음을 옮겼다. 집 근처에 이르자 그는 노래했다.

"이것이 눈다라네.
사람을 죽이는 눈다라네."

노랫소리를 들은 그의 어머니가 위층에서 내려다보며 노래했다.

"내 아들아,
그건 사람을 죽이는 눈다란다."

그녀는 아래층으로 내려와 아들을 맞았다.

"다리를 집 밖에 걸어두어라. 나는 네 목욕물을 좀 가져오마."

모하메드는 눈다의 다리를 밖에 걸어두고는 안으로 들어가 씻기 시작했다. 그때 다리에서 말소리가 들렸다.

"알라의 이름으로. 여기는 매우 춥구나."

놀란 그의 어머니는 모하메드를 불렀다.

"밖에 있는 다리가 말하는 것이냐?"

모하메드는 욕실에서 나와 밖으로 가서 다리를 꺼내 들었다. 그러고는 그것을 집 꼭대기에 걸어두고 다시 들어가 씻었다. 잠시 후 다리에서 또다시 말소리가 들렸다.

"거기서 누군가 씻는 소리가 들리는구나."

그의 어머니가 소리쳤다.

"다리가 아직도 말하고 있구나."

모하메드가 다시 욕실에서 나와 말했다.

"어머니, 칼을 주세요. 제가 그것을 열어보고 안에 무엇이 있는지 보겠습니다."

모하메드는 칼을 가져다가 다리를 잘라 열었다. 그 안에는 그의 아버지, 형제들 그리고 그 마을의 모든 사람이 들어있었다. 하지만 다리를 자르는 과정에서 한 남자의 얼굴을 찔러 눈을 다치게 하고 말았다. 그 남자는 매우 화를 내며 말했다.

"왜 내 눈을 뽑았소? 다른 사람들은 모두 온전히 내보냈으면서, 왜 내 눈만 뽑았소?"

모하메드가 말했다.

"정말 미안합니다. 다리 안에 무엇이 있는지 몰랐습니다. 칼이 미끄러졌어요. 이제 살아남았으니, 그것으로 만족하고 저를 용서해 주시지요."

그러나 그 남자의 분은 풀리지 않았다.

"절대 용서하지 않겠소. 당신이 내 눈을 뽑았으니 이제 내가 당신의 눈을 뽑게 해 주시오."

모하메드는 동의하지 않았다. 결국 남자는 모하메드에게 싸움을 신청했다.

“만약 당신이 눈을 뽑는 것에 동의하지 않는다면, 싸울 수밖에 없겠군.”

모하메드는 결투 신청을 받아들였다.

“긴말이 필요 없군. 내 말을 잘 들으시오. 한 명은 총과 다섯 발의 탄환을 가져가고, 다른 한 명은 돌을 가져가서 해안으로 내려가서 싸웁시다. 이제 무엇을 가져갈지 선택하시오.”

애꾸눈이 된 남자는 총과 다섯 발의 탄환을 선택했고, 모하메드는 천을 가져다가 그것을 돌로 가득 채웠다. 해변에 도착한 모하메드가 말했다.

“애꾸눈, 당신이 총을 가졌으니 먼저 시작하시오.”

애꾸눈은 첫 번째 탄환을 쏘았지만 빗나갔다. 두 번째도 세 번째도 마찬가지였다. 그렇게 다섯 발 모두 빗나갔다. 이제 모하메드의 차례였다. 모하메드는 돌이 가득 든 천 가방을 들고는 애꾸눈 가까이 다가가 그의 몸 여기저기에 돌을 던지기 시작했다. 돌을 맞지 않은 곳이 없었다. 더 가까이 다가간 모하메드는 돌로 얼굴을 강타했고, 돌은 다른 눈 쪽으로 날아가 결국 그 눈도 멀게 만들었다.

"내가 잘못했소. 용서해 주시오."

애꾸눈은 무릎을 꿇고 그의 패배를 인정했다.

나무꾼과 당나귀

오래전 매우 가난한 목수가 있었다. 그의 일은 매일 아침 숲으로 가 나무를 베는 것이었다. 저녁이 되면 그는 베어온 나무를 당나귀에 싣고 마을로 돌아와 팔았다. 그가 그렇게 매일 번 돈은 그와 아내의 하루치 음식을 사기에도 빠듯했다. 그들은 매일매일을 그렇게, 매우 가난하게 살았다.

어느 날, 나무꾼은 평소처럼 숲으로 가 나무를 베기 시작했다. 잠시 하늘을 올려다본 그의 눈에 나무 꼭대기에 앉아 있는 수많은 새가 보였다. 새들은 앉아서 입을 크게 벌리고 있었고 나무 주변에는 곤충들이 구름처럼 날아다니며 새들의 입으로 떨어지고 있었다. 이 광경을 본 나무꾼이 중얼거렸다.

"저 새들을 봐. 나무 꼭대기에 앉아 입을 벌리고 있을 뿐인데, 신께서는 곤충을 내려보내 그들의 입에 떨어지게 해주시는구나. 새들은 일할 필요도 없고, 자리에서 움직일 필요도 없어. 단지 입을 벌리기만 하면 먹이를 받으니까. 그런데 왜 나는 하루 종일 열심히 일하고도 겨우 먹고 사는 거지? 왜 신께서는 나를 그렇게 챙기지 않으실까?"

이렇게 말하며, 그는 이미 자른 나무를 당나귀에 싣고 마을로 돌아왔다. 집에 도착하자 그는 바로 지쳐 쓰러졌다.

한편, 그의 아내는 밖으로 나가 나무를 팔고 음식을 사서 집으로 돌아왔다. 남편이 침대에 누워 있는 것을 본 그녀가 말했다.

"여보, 어디 아프신가요?"

그는 대답했다.

"아니요. 오늘 우연히 신께서 새들에게 먹이를 내려주시는 것을 보았어요. 그래서 저도 새들처럼 신께서 먹을 것을 내려주시길 기다리고 있는 것이오."

남편의 말을 들은 아내는 서둘러 음식을 준비하러 갔다. 음식이 완성되자 남편을 불렀다.

"여보, 음식이 준비되었어요."

그는 대답했다.

"오늘 신께서 새들에게 먹이를 내려주시는 것을 보았다고 했지요. 그들은 단지 입을 벌리기만 했을 뿐인데 하늘에서 음식이 떨어지더군요. 그래서 이제 나는 침대에서 일어나지 않기로 했어요. 여기 침대에 누워서 음식을 주시기를 기다릴 겁니다."

그 말을 들은 그의 아내는 침대에 누워 있는 그에게 음식을 가져다주었고, 그는 그것을 먹고 잠들었다. 다음 날 아침 그의 아내는 그에게 말했다.

"여보, 일어나세요. 이제 일하러 가야 할 시간이에요."

그는 대답했다.

"아니요, 일하러 가지 않을 거예요. 그냥 침대에서 먹을 것을 기다릴 겁니다."

아내가 말했다.

"하지만 여보, 집에는 음식도 돈도 없어요. 당신이 일하러 가지 않으면 어떻게 하죠?"

그는 대답했다.

"걱정하지 마세요. 신께서는 새들이 배고플 때를 알고 먹이를 내리시니, 우리에게도 적당한 때에 음식을 내려주실 겁니다."

그는 침대에서 꿈쩍도 하지 않았다.

마침, 그날 밤 그의 이웃 중 한 사람이 큰 보물이 숨겨져 있는 어떤 동굴을 발견하는 꿈을 꾸었다. 잠에서 깬 그는 그 보물을 찾으러 가려고 했고, 나무꾼이 그날 일하러 가지 않는다는 말을 듣고는 그의 당나귀를 빌려보기로 했다. 꿈이 사실이라면, 보물을 실을 당나귀가 필요했기 때문이었다.

이웃은 당나귀를 빌리러 나무꾼을 찾아왔다. 하지만, 매우 인색한 사람인지라 자신이 꾼 꿈 이야기나 당나귀를 빌리는 목적은 전혀 말할 생각이 없었다.

그가 문을 두드리자, 나무꾼의 아내가 문을 열고 나왔다.

"나무꾼과 이야기를 나누고 싶소."

이웃의 말에도 나무꾼은 침대에서 꿈쩍도 하지 않았다.

"여기 침대가 있는 곳까지 들어오라고 하세요. 나는 일어나지 않을 겁니다."

이웃은 나무꾼이 누워있는 곳까지 들어와 당나귀를 빌려달라고 했다. 만약 여행이 잘 되면 몇 닢의 동전을 주겠다고도 덧붙였다. 나무꾼은 끄덕였고, 이웃은 그렇게 당나귀를 몰고 꿈에서 본 곳을 찾아갈 수 있었다.

과연 그곳에는 동굴이 있었다. 그리고 꿈에서처럼 그 안에는 금, 은, 동의 반짝이는 동전들이 산처럼 쌓여 있었다. 그는 우선 금화를 모두 모았다. 그다음에는 은화를 모두 모아서 당나귀가 질 수 있을 때까지 짐을 꽉 채웠다. 하지만 동굴에는 여전히 구릿빛 동전들이 남아 있었다. 이 또한 챙겨가고 싶었던 그는 동굴 밖에 당나귀를 두고 다시 안으로 들어가서는 자기 옷에 동전을 가득 채우기 시작했다. 하지만 바로 그때 갑자기 동굴 입구가 무너져 내렸고, 그는 더 이상 밖으로 나갈 수 없게 되었다.

한편, 당나귀는 기다리고 기다리다가 저녁이 올 때까

지 아무도 오지 않는 것을 보고는 홀로 집으로 돌아왔다. 밖에서 나는 소리를 들은 나무꾼의 아내가 말했다.

“여보, 문밖에 누군가 왔나 봐요. 일어나서 누가 왔는지 알아봐요.”

나무꾼이 대답했다.

“난 신께서 음식을 내려주실 때까지 여기 침대에서 꿈쩍도 하지 않겠어요.”

아내가 문을 열자, 당나귀가 나무꾼이 누워있는 침대 쪽으로 걸어 들어왔다. 당나귀의 안장에는 금화와 은화가 가득 차 있었다. 나무꾼과 아내는 당나귀를 빌려 간 이웃이 돌아오기를 기다렸지만, 그는 돌아오지 않았다. 나무꾼은 아내에게 말했다.

“여보, 사람들은 모두 우리가 매우 가난하고 집안에 돈 한 푼 없다는 것을 잘 알고 있잖아요. 만약 우리가 내일 이 돈을 가져가서 음식을 사면, 우리가 돈을 훔쳤다고 생각하지 않겠어요? 이 돈을 어떻게 쓸 수 있을까요? 우리가 여행을 간다고 해도 의심할 거예요. 이웃들은 모두 우리가 여행에 쓸 돈이 없다는 것을 잘 알고 있으니까요. 어떻게 하는 게 좋을까요?”

그들은 고민했다. 결국, 모두가 잠든 밤에 몰래 나와 근처 집들의 문턱에 조금씩 돈을 놓아두기로 했다. 한 집에는 열 레알을, 다른 집에는 다섯 레알을, 그렇게 계속해서 집 문턱에 돈을 놓았다. 다음 날 아침, 문을 연

사람들은 문턱에 놓인 은화를 발견했고 서로 수군댔다.

"우리 집 앞에는 다섯 레알이 있더군. 당신은?"

"분명 어떤 진이 밤에 이 돈을 여기 모두 놓아두었나 봐요."

이웃들은 아무도 나무꾼과 그의 아내가 돈을 가지고 있다는 사실에 놀라지 않았다.

"오늘 아침, 내 집 문턱에 스무 레알이 있지 뭡니까. 아내와 함께 이 돈을 가지고 먼 나라로 여행하려고요. 아마도 여기보다 더 나은 삶을 살게 될지도 몰라요."

그렇게 나무꾼 부부는 약간의 돈으로 여행에 필요한 물품을 사고, 나머지 대부분은 당나귀에 실은 채 여행을 떠났다. 그들은 계속 걷다가 마침내 아무도 그들을 모르는 어떤 나라에 도착했고, 그곳에서 집을 사고 정착했다. 그들을 보고 사람들이 말했다.

"저들은 먼 나라에서 온 부자일 거야."

부부는 신께 감사하며 그곳에서 행복하게 살았다.

바다의 키탕가탕가

오래전 '킬와'에 사는 한 남자가 있었다. 그 남자는 아내를 맞이해 움막을 짓고 그곳에서 살림을 꾸렸다. 남자는 아내가 원하는 것은 무엇이든 다 주었지만, 아내의 외출만은 허락하지 않았다. 그래서 그가 지은 움막에도 문을 만들지 않았다.

그 남자는 상인이었다. 해안을 따라 '마스카트'까지 오가며 사업을 하는 것이 그의 일이었다. 남자는 배를 타고 나갔다가 집에 돌아올 때마다 사다리를 타고 창문으로 들어가고, 떠날 때는 사다리를 도로 가져갔다. 그래서 아내는 그 움막 밖으로 나갈 수 없었다. 그녀의 마음은 점점 병들어 갔다.

이 소식을 들은 그녀의 어머니는 사위가 밖으로 나갔을 때 몰래 딸을 만나려고 집 벽 아래에 구멍을 뚫었다. 그리고 여자는 남편이 알아채지 못하도록 그 구멍의 입구를 깔개로 잘 덮어두었다.

어느 날 남편이 집에 돌아와 아내에게 말했다.

"여보, 이제 떠나야 할 때가 됐소. 일주일 후에 출발해 '잔지바르'와 마스카트로 갈 생각인데, 한 해가 지나야 다시 돌아올 겁니다."

그의 아내는 그에게 말했다.

"알겠어요, 여보. 조심해서 다녀오세요."

남편이 잠시 집을 비우자, 아내는 구멍을 통해 급히 집을 빠져나와 어머니에게로 갔다.

"어머니, 제 남편이 다음 주에 일을 하러 떠나 일 년 동안 집에 돌아오지 않는답니다. 저를 움막에 남겨 놓고 말이죠. 저를 위해 배 한 척을 준비해 주실 수 있으세요? 한시가 급해요. 그리고 아무에게도 말하지 말아 주세요."

그녀는 재빨리 움막으로 돌아왔다. 저녁이 되자 남편이 사다리를 통해 창문으로 들어왔다.

일주일 후 남편은 아내와 작별 인사를 하고 항구로 가 승선했다. 잔지바르로 출항하는 배였다. 그가 떠난 후, 아내도 급히 집을 나와 항구로 갔고 어머니가 준비해 준

배를 타고 그의 배를 뒤따랐다. 바다 한가운데서 그녀의 배가 그의 배를 앞질렀다. 그는 배를 보고 소리쳤다.

"나를 추월한 자, 누구인가?"

아내가 대답했다.

"저는 바다의 '키탕가탕가'라고 합니다."

그녀는 잔지바르에 도착해 배를 정박시키고 육지로 올라가 남편이 항상 머물던 집을 찾아 먼저 들어가 앉았다. 곧 남편이 도착해 배를 정박시키고 그 집을 찾아갔다.

"당신은 내가 킬와에 두고 온 내 아내와 정말 닮았군요!"

남편은 앉아 있는 여자를 보고 놀라서 말했다. 그녀와 한참 이야기를 나눈 후 그가 물었다.

"당신은 결혼했나요?"

"저는 과부입니다."

그 말을 들은 남자가 말했다.

"만약 저와 결혼해 주신다면 백 레알을 드리겠소."

여자는 동의했고, 그들은 결혼해 함께 살기 시작했다. 두 주가 지나자, 남자가 여자에게 말했다.

"여보, 나는 이제 마스카트로 여행을 계속해야 합니다. 하지만 여섯 달 안에는 다시 돌아와요."

여자가 말했다.

"알겠어요, 여보. 조심해서 다녀오세요."

남자는 배에 올라 마스카트로 항해를 시작했다. 그가 떠난 후 그녀도 배에 올라 그를 따라 항해를 시작했다. 바다 한가운데서 여자의 배가 그의 배를 추월하자 그가 소리쳐 물었다.

"나를 추월한 자, 누구인가?"

아내가 대답했다.

"저는 바다의 '키탕가탕가'라고 합니다."

그녀는 먼저 마스카트에 도착해 남편이 항상 머물던 집을 찾아 먼저 들어가 앉았다. 곧 남편이 도착해 배를 정박시키고 그 집을 찾아갔다.

"당신은 내가 킬와에 두고 온 내 아내와도 닮았고, 내가 잔지바르에서 결혼한 여인과도 정말 닮았군요!"

남편은 앉아 있는 여자를 보고 놀라서 말했다. 그리고 그녀에게 물었다.

"당신은 결혼했나요?"

"저는 과부입니다."

그 말을 들은 남자가 말했다.

"만약 저와 결혼해 주신다면 백 레알을 드리겠소."

여자는 동의했고, 그들은 결혼해 마스카트에서 여섯 달 동안 함께 지냈다. 여섯 달이 지나고, 남자가 여자에게 말했다.

"여보, 나는 이제 집으로 돌아가야 합니다. 한 해 동안 머물다가 다시 돌아오겠소."

여자가 말했다.

"알겠어요, 여보. 조심해서 다녀오세요."

남자는 배에 올라탔고, 여자도 뒤를 따랐다. 바다 한가운데서 여자의 배는 남자의 배를 또다시 추월했다. 그는 소리쳐 물었다.

"나를 추월한 자, 누구인가?"

여자가 대답했다.

"저는 바다의 '키탕가탕가'라고 합니다."

그녀는 먼저 잔지바르에 도착해 집으로 갔다. 곧이어 남자가 도착했다.

"어서 오세요, 잘 지내셨나요?"

남편은 아내에게 마스카트에서 있었던 일을 말해주었다.

"마스카트에서 사업이 잘되었소. 그런데, 거기서 제가 킬와에 두고 온 아내와 닮은, 그리고 당신과도 닮은 여인을 만났지 뭡니까? 그래서 그녀와도 결혼했소."

그녀는 대답했다.

"잘되었네요, 여보."

몇 주 후 그는 그녀에게 말했다.

"여보, 이제 집으로 돌아가야 합니다. 한 해 동안 머물다가 다시 돌아오겠어요."

여자가 말했다.

"알겠어요, 여보. 사업이 잘되었으면 좋겠네요. 조심해서 다녀오세요."

남자는 배에 올라 킬와로 향했고, 여자도 뒤를 따라 출항했다. 바다 한가운데서 여자의 배는 남자의 배를 또 다시 추월했고, 그가 누구냐고 묻자, 여자가 대답했다.

"저는 바다의 '키탕가탕가'라고 합니다."

여자는 킬와에 도착하자마자 배를 정박시키고는 얼른 움막으로 돌아갔다. 한참 후 남편이 도착해 창문으로 들어왔다.

"어서 오세요, 여보."

그녀는 바로 음식을 준비했고, 식사를 끝낸 후 물었다.

"잘 지내셨나요?"

남편은 아내에게 있었던 일을 모두 말해주었다.

"잔지바르에서 사업이 잘되었소. 그런데, 거기서 당신과 닮은 여인을 만났지 뭡니까? 백 레알에 결혼하고 두 주 동안 함께 살았소. 그 후 마스카트로 갔지요. 거기서도 당신과 똑같은, 그리고 잔지바르에서 결혼한 여자와도 똑 닮은 여자를 만났소. 그녀와도 백 레알에 결혼하고 6개월 동안 함께 살았죠. 그 후에는 잔지바르로 돌아와 그곳의 여인과 몇 주 지내다가 바로 여기, 집으로 돌아온 것이오. 그나저나 내가 없는 동안 당신은 어찌 지냈나요?"

아내가 대답했다.

"여보, 당신이 없는 동안 많은 일이 있었어요. 당신이 저를 문 없는 움막에 가두셨기 때문에 화가 나서 저기 보이는 구멍을 입구처럼 만들었습니다. 그 후 당신이 배를 타고 떠날 때, 저도 당신을 따라 배를 타고 잔지바르로 향했죠. 바다에서 당신의 배를 추월했을 때, 당신이 저에게 누구냐고 물었고, 저는 '바다의 키탕가탕가'라고 대답했습니다. 저는 그렇게 당신보다 먼저 잔지바르에 도착했어요. 그리고 거기서 당신과 백 레알에 결혼했습니다. 몇 주 지나서 당신이 마스카트로 떠날 때도 마찬가지였어요. 저는 당신을 따라 배를 타고 갔고, 마스카트에 먼저 도착했습니다. 마스카트에서 백 레알에 당신과 결혼한 여자가 바로 저예요. 이것이 그간 저에게 있었던 일입니다."

부인의 말을 들은 남편이 말했다.

"그것이 정말이오? 당신을 위해 문이 있는 매우 아름다운 집을 지어주겠소. 당신이 원할 때 언제든지 나갈 수 있도록 말이죠."

그래서 그는 그녀를 위해 문이 있는 화려한 집을 지어주었다. 그리고 그 둘은 그곳에서 행복하게 살았다.

사자의 부적

사자의 부적은 소의 부적과 비슷하다. 그것은 털 뭉치로, 사자는 그것을 항상 입에 물고 다닌다.

사냥을 나가면 땅에 구멍을 파고 그곳에 부적을 숨겨둔다. 사냥을 마치고 고기를 배부르게 먹은 후, 사자는 부적을 숨겨둔 곳으로 돌아가 그것을 파내어 입에 문다.

죽음이 임박했다고 느낄 때, 사자는 부적을 멀리 던져버린다. 이는 죽을 때 발견되지 않도록 하기 위함이다.

만약 누군가가 그것을 발견하면 그는 큰 행운을 얻게 된다. 그는 그것을 보관하거나 많은 돈을 받고 팔 수도 있으며, 그것을 부적으로 만들어 목에 걸 수도 있다. 이 부적을 걸고 있는 사람이 사자를 만나면, 그 사자는 그 부적 때문에 그에게 아무것도 할 수 없다.

키바라카의 이야기 그리고 새

오래전 한 술탄이 있었고, 그에게는 '하사니'라고 불리는 매우 아름다운 아들이 있었다. 매일 정오가 되면 술탄과 그의 아들은 모스크에 가서 기도했다. 그들이 모스크로 떠나면 술탄의 아내는 창고에 있는 모든 곡물의 씨앗을 분류했다. 말려야 할 씨앗은 하인 '키바라카'에게 주어 햇볕에 말리도록 했다.

술탄과 그의 아들이 기도하러 간 어느 날, 그녀는 키바라카를 불러 말했다.

"키바라카, 이 씨앗을 가져가 햇볕에 말려라."

키바라카는 씨앗을 가져가 종류별로 펴서 말리기 시작했다. 그때, 갑자기 놀랍도록 아름다운 새가 나타나 곡식 옆에 앉아 소리쳤다.

"키바라카! 키바라카!"

키바라카가 대답했다.

"나요, 내가 키바라카요."

그러자 새가 노래를 시작했다.

> "이 밀을 먹을까요?
> 아니면 먹지 않아야 할까요?
> 아니면 기장을 먹을까요?"

키바라카가 노래로 답했다.

"드세요, 그렇게 해주세요."

그러자 새가 다시 노래했다.

"대신에 유채를 먹어야 할까요?
아니면 먹지 않아야 할까요?
오늘 옥수수를 먹어야 할까요?"

키바라카도 답가를 불렀다.

"드세요, 제발요."

새가 다시 노래를 시작했다.

"모든 곡물을 먹어야 하나요?
아니면 이제 참아야 하나요?
오늘 쌀을 먹어야 하나요?"

"드세요, 제발요."

키바라카와 새는 계속해서 노래를 주고받았다.

"오늘 주인님은 어디로 가셨나요?"

"모스크에 기도하러 가셨습니다."

"술탄께 안부를 전하세요.
그분이 돌아오시면 전해주세요.
오래 사시기를."

그 말과 함께 새는 날아갔다.

다음 날과 그다음 날에도 새가 다시 날아와 같은 노래를 불렀다.

어느 날 키바라카는 하사니에게 새 이야기를 했다.

"주인님, 매일 정오에 모스크에 가 계실 때 아름다운 새가 여기 옵니다."

하사니가 물었다.

"어떤 새인가?"

키바라카가 하사니에게 새의 아름다운 노랫소리에 관해 이야기했다.

"이 새는 모든 보통의 기적을 초월합니다. 매우 아름다운 노래를 부르기 때문이죠."

이 말을 듣고 술탄의 아들은 이 새가 진의 딸 중 하나임을 깨달았고, 곧 한 번도 보지 못한 그녀와 사랑에 빠졌다. 그리고 키바라카에게 말했다.

"내가 너에게 자유를 주겠노라. 대신, 가서 그 새를 잡아 와야 할 것이다."

그 후 하사니는 그 새를 그리워하며 심각한 병에 걸렸다. 하사니가 앓아누운 지 삼 일째 되던 날 술탄은 아들을 치료하기 위해 가장 현명한 의사들을 찾아 나섰다. 술탄이 집을 비운 사이, 그 새가 곡식 옆에 앉아 키바라카를 불렀다.

키바라카는 얇은 막대를 자르고 끝부분에 올가미를 만들어 그 새가 가장 좋아하는 씨앗 근처에 놓았다.

새가 모든 씨앗을 먹어 치우고 날아오르려는 순간, 한쪽 날개가 올가미에 걸리고 말았다.

그러자 새가 키바라카에게 말했다.

"제발 나를 놓아주세요. 나를 건드리지 마세요. 내가 다칠 수도 있잖아요. 이 깃털을 가져가서 주인에게 전해주세요. 이것이 내 인사입니다."

키바라카는 그 깃털을 술탄의 아들에게 가져갔다. 하사니는 매우 기뻐하며 그에게 말했다.

"키바라카, 내 형제여, 왜 이 깃털의 주인을 잡지 않았는가?"

키바라카가 말했다.

"잡을 수가 없었습니다. 그 깃털을 보자마자 그 빛 때문인지, 머리를 쓸 새도 없이 일곱 번이나 넘어졌거든요."

술탄이 돌아오자, 그의 아들이 말했다.

"아버지, 나팔을 불어 모든 사람을 궁전 앞에 모이게 해 주십시오."

술탄은 아들을 매우 사랑했기 때문에 아들이 원하는 대로 모든 백성을 불러 모았다.

"백성들에게 이 새를 찾아서 저에게 가져와 달라고 말해 주세요. 새를 보지 못하면 죽을 것 같아요."

아들의 말을 들은 술탄은 명령을 내렸다.

"이 새를 찾기 전까지 직조, 방직, 곡물 갈기, 빻기는 모두 금지될 것이다."

그 나라의 모든 백성은 정글과 사막으로 나가 그 새를 찾기 시작했다. 아름다운 새를 발견한 사람들은 모두 그 새를 잡아서 술탄의 아들에게 가져갔지만, 술탄의 아들이 찾는 새는 아니었다.

어느 날 정오 무렵, 술탄의 법정에서 사람들이 회의를 열고 있을 때였다. 그들이 하늘을 올려다보니 먼지구름이 곧 쏟아질 비처럼 다가오고 있었다. 키바라카는 그 새가 오고 있다는 것을 알아차렸다.

그 새는 다가와 곡식 옆에 앉아서 모든 씨앗을 먹기 시작했다. 마지막 씨앗이 남았을 때 키바라카는 그 새를 잡아서 주인에게 가져갔다. 하사니가 그 새를 보았을 때, 그 새는 어느새 아름다운 여인으로 변해 있었다. 하사니가 말했다.

“키바라카, 어서 가서 이 사실을 내 아버지께 고하거라. 모든 백성이 알 수 있도록 축포를 쏴야 한다고. 내가 원하던 일이 이루어졌구나. 알라께서 내 청을 들어주셨구나.”

키바라카는 술탄에게 가서 이 사실을 전했고, 축포가 발사되었으며 뒤이어 결혼식과 잔치가 9년 동안이나 계속됐다.

그 후 하사니와 아름다운 진은 아이를 낳았는데, 그 아이는 진주와 보석을 닮은 아름다운 소년이었다.

하사니는 아내를 매우 사랑했다. 얼마 지나지 않아 그 나라의 백성들은 기적이 일어나는 것을 보았다. 그들의 둘째 아들이 별과 달처럼 빛났기 때문이다.

바보들의 이야기

오래전 '오마리'라는 남자와 그의 아내가 살았다. 그들은 살찐 검은 소 한 마리를 가지고 있었다. 그 소가 너무나도 포동포동하게 살이 오른 나머지 마을의 젊은이들은 모두가 그 소를 잡아먹고 싶어 했다. 하지만, 오마리는 결코 그 소를 내주지 않았다.

그러던 어느 날 오마리가 여행을 떠났다. 그들은 이러한 기회를 놓칠 순 없었다.

'이제 그 소를 얻을 수 있을 거야. 그의 아내는 정말 바보니까.'

이렇게 생각한 젊은이 스무 명은 모두 모여 오마리의 집으로 가서 똑똑 문을 두드렸다.

오마리의 아내가 문을 열며 말했다.

"어서 오세요."

그들은 들어가 여자에게 말했다.

"우리가 예지몽을 꿨어요. 꿈에서 당신이 아름다운 아들을 낳았습니다. 그 아들은 부유하고 현명해져서 와지르의 딸과 결혼하게 되지요."

아이가 없었던 여자는 이 말을 듣자 매우 기뻐했다.

그때 젊은이들이 말했다.

"그런데 이 모든 것들은 검은 소를 제물로 바친 후에나 일어나는 일이에요."

"그럼, 내 소를 가져가서 제물로 바치세요. 그리하면 그 꿈이 이루어질 것 아녜요?"

그녀가 말했고 그 말을 들은 젊은이들이 조심스럽게 물었다.

"당신의 남편이 집에 없는데, 그 소를 죽여도 되겠습니까?"

그녀가 말했다.

"가져가세요, 가져가세요. 내 남편이 그 소가 어떤 목적으로 죽었는지 알게 되면 기뻐할 것입니다. 그도 아들을 원하거든요."

그래서 젊은이들은 소를 데려가 죽이고 잔치를 벌여 즐겼다.

삼 일이 지나자, 남편 오마리가 집으로 돌아왔다. 그는 빈 외양간을 보고 아내에게 물었다.

"여보, 소는 어디에 있지요?"

그녀는 그에게 말했다.

"죽였어요."

놀란 남편이 물었다.

"왜요?"

아내는 남편에게 그간 있었던 일을 이야기해 주었다.

"예지몽을 꾸었다는 사람들이 찾아왔어요. 우리가 아름다운 아들을 얻을 거라고요. 그 아들이 큰 행운을 가져올 거래요. 그런데, 그 꿈이 이루어지려면 검은 소를 희생해야 한다고 하지 않겠어요? 그래서 우리 소를 그들에게 내주었어요."

오마리는 아내에게 말했다.

"당신이 바보예요? 이제 나는 당신만큼 바보인 자를 찾아 나서겠어요. 만일 그러한 자를 찾을 수 없다면, 나는 당신을 버리고 떠날 거요. 그때 당신은 더 이상 내 아내가 아니겠지요."

오마리는 당나귀를 타고 집을 떠났다. 얼마 후 어느 부자의 집 앞에 이르렀다. 오마리가 당나귀에서 내려서 그곳에 서 있자, 그 집의 하인 중 한 명이 다가와서 그에게 말했다.

"선생님, 어디서 오셨나요?"

오마리가 대답했다.

"다음 세상에서 왔소이다."

그 하인은 매우 놀라 위층으로 올라가 여주인에게 말했다.

"밖에 다음 세상에서 온 남자가 있습니다."

"정말인가?"

주인이 물었다.

"정말입니다. 만약 의심스러우시다면, 가서 직접 물어보십시오. 그는 아래에 있습니다."

주인은 하인을 내려보내 오마리를 집으로 들이라고 했다. 하인이 오마리에게 가서 말했다.

"주인님께서 위층으로 올라오라고 하십니다."

그 말을 듣자, 오마리는 대답했다.

"저는 위층으로 올라갈 수 없습니다. 낯선 사람의 집인데, 함부로 그리할 수는 없소."

하인은 이 말을 주인에게 전했고, 주인 여자는 직접 내려와 오마리에게 말했다.

"두려워하지 마시고 위로 올라오세요. 위험하지 않습니다."

오마리가 위로 올라가자, 여자가 그에게 물었다.

"선생님, 어디서 오셨나요?"

오마리가 대답했다.

"다음 세상에서 왔소이다."

그 말을 들은 하인이 말했다.

"보세요, 제 말이 거짓이 아니었죠?"

여주인은 매우 놀라워하며 오마리에게 물었다.

"왜 다음 세상에서 왔나요?"

"아버지를 뵈러 왔습니다."

오마리가 대답했다.

"혹시 그곳에서 돌아가신 제 아버지를 만나신 적이 있나요?"

여자가 물었다.

"그분의 성함은 무엇이며, 어떤 분이신가요?"

여자는 아버지의 이름이며, 가족 관계며, 그의 외양에 관해 상세하게 설명하기 시작했다. 이야기를 다 들은 오마리는 대답했다.

"네, 저는 그분을 보았습니다."

"제 아버지는 어떠신가요?"

이 말을 듣자, 오마리는 슬픈 표정을 지으며 한숨을 쉬었다.

오마리의 모습을 본 여자가 물었다.

"아, 제발 말해주세요. 제 아버지는 어떻게 되셨나요?"

오마리가 대답했다.

"그는 큰 곤경에 처해 있습니다. 돈도 옷도 음식도 없습니다. 아, 그의 상태는 정말 끔찍합니다!"

이 말을 들은 여자는 울기 시작했다. 한참을 운 그녀는 오마리에게 다시 물었다.

"당신은 언제 다음 세상으로 돌아가시나요?"

"내일 돌아갑니다. 먼저 살아계신 아버지를 만나고 나서 돌아가려고요."

오마리의 대답을 들은 여자가 물었다.

"돌아가시면 제 아버지를 만나주실 건가요?"

"당연히요, 저는 그분 옆집에 살고 있거든요."

"그러면 선물을 챙겨 드릴 테니 가져가서 전해 주세요."

그녀는 안방으로 들어가 천 냥이 든 가방과 옷, 예복, 터번을 꺼내 오마리에게 주며 말했다.

"이것들을 가져가셔서 제 아버지께 전해 주시고, 그의 딸 '빈티 파티마'가 전해 준 것이라고 말해주세요."

그녀는 다시 방에 들어가 다른 가방을 가져와 말했다.

"당신께 백 냥을 드릴게요. 제 아버지께 이 물건들을 가져다주는 보답으로 드리는 것이에요."

오마리는 돈가방과 옷가지를 모두 챙겨 당나귀에 올라타고는 유유히 그녀의 곁을 떠났다. 오마리가 떠나고 얼마 지나지 않아 여자의 남편이 집으로 돌아왔다. 그는 아내가 매우 기뻐하는 것을 보고 물었다.

"여보, 오늘 무슨 기쁜 일이 있나요?"

그러자 여자는 남편에게 말했다.

"방금 다음 세상에서 온 남자가 여기 왔었어요. 그 남자는 큰 어려움에 처해 있는 제 아버지를 만나셨대요. 그래서 저는 그분에게 돈와 옷을 전해 드렸어요. 제 아버지가 그것들을 받으시면 매우 기뻐하실 것이 분명해요. 그리고 우리에게도 큰 행운이 찾아올 거예요."

남자는 그의 아내가 속았다는 것을 알았지만, 아내의 마음이 상할까 두려워 차마 말을 꺼내지 못했다. 그 대신 그 남자를 따라가서 돈을 되찾기로 했다. 그래서 아내에게 이렇게 둘러댔다.

"당신은 좋은 아내가 아니군요. 다음 세상에서 온 남자에게 당신의 아버지에 대해서만 묻고, 내 아버지에 대해서는 묻지도 않고, 선물을 내어주지 않았어요."

그러자 여자가 말했다.

"아, 여보. 용서해 주세요. 그 남자가 방금 떠났으니 아마 그를 따라잡을 수 있을 거예요. 그는 당나귀를 타고 저 길로 떠났습니다."

이렇게 말하면서 여자는 오마리의 모습을 묘사했다. 남편은 즉시 말을 불러왔고, 아내는 집 안으로 들어가 돈이 든 다른 가방을 가져와 말에 탄 그에게 주며 말했다.

"여보, 이것을 받으세요. 당신 아버지를 위한 거예요. 그리고 저 길로 달려가면 틀림없이 그를 찾을 수 있을 거예요."

한편, 오마리는 당나귀를 타고 가다가 한 농장에 이르렀다. 그가 고개를 돌려 바라보니 저 멀리에 먼지를 일으키며 달려오는 말이 보였다. 무언가를 눈치챈 오마리는 농장에서 홀로 일하고 있는 한 노예에게 말을 건넸다.

"저기 먼지가 보이는가? 매우 난폭한 자가 먼지바람을

일으키며 말을 타고 달려오고 있구나. 나는 그에게서 숨을 것이니, 너도 코코넛 나무에 올라가는 게 좋겠다. 그가 너에게 해를 입힐까 걱정된다. 그가 너에게 무언가를 묻더라도 대답하지 마라. 그저 그를 더 화나게 할 뿐이니까."

노예는 가능한 한 빨리 코코넛 나무로 기어올랐고, 오마리는 당나귀와 근처의 덤불에 몸을 숨겼다. 곧 여자의 남편이 농장에 도착했다. 노예가 높은 코코넛 나무 꼭대기로 기어오르는 것을 본 그는 멈춰서 소리쳤다.

"당나귀를 탄 남자가 여기 지나가지 않았는가?"

노예는 대답하지 않고 계속 더 높이 올라갔다. 그는 여러 번 다시 물었지만, 노예는 대답 없이 오히려 더 빨리 올라가려고 서두를 뿐이었다. 그 모습을 보고 화가 난 남자는 말에서 내려 나무에 올라갈 준비를 했다. 무거운 옷가지들은 모두 땅에 벗어 두었고, 가지고 온 돈 가방도 옆에 내려놓았다. 그러고는 노예를 뒤따라 나무에 오르기 시작했다. 덤불 뒤에서 이 모든 상황을 지켜보던 오마리는 남자가 나무 위로 충분히 올라가자, 덤불에서 나와 남자가 내려 둔 모든 짐을 챙기고는 그의 말을 타고 재빨리 달아났다.

한참 뒤 나무에서 내려온 남자는 그의 옷과 돈과 말이

모두 사라진 것을 발견했다. 그래서 속옷만 입고 터덕터덕 집으로 돌아갈 수밖에 없었다. 그가 들어오자, 그의 아내가 물었다.

"여보, 왜 그렇게 벌거벗고 돌아왔어요?"

그는 오마리에게 속았다는 사실을 아내에게 말하기 수치스러워 이렇게 둘러대고 말았다.

"다음 세상에서 온 남자를 만났는데, 그가 내 아버지가 매우 고통스러운 상태에 있고, 옷이 없어서 넝마로 몸을 감싸고 있다고 말했다오. 그 말을 듣고 내 옷을 모두 벗어 그 남자에게 주면서 내 아버지께 가져다드리라고 했다오."

한편, 돈과 옷과 말을 모두 챙겨 집으로 돌아온 오마리는 아내에게 말했다.

"내가 당신 같은 바보를 찾아오겠다고 했고, 만약 찾지 못하면 당신과 더 이상 함께 살지 않겠다고 말하지 않았소? 이제 나는 만족하오. 두 명의 바보를 찾았기 때문이라오. 모두 당신보다 더 바보가 아니겠소?"

오마리와 그의 아내는 그가 가져온 돈을 쓰며 함께 행복하게 살았다.

하이에나와 달빛

어느 날 하이에나가 물을 마시러 우물에 갔다. 목을 축이기 위해 몸을 숙인 곳에는 달빛이 물에 비쳐 아른거리고 있었다. 하이에나는 물에 비친 달을 보고 그것이 뼈라고 생각했다. 그래서 그것을 잡으려고 했지만 잡을 수 없었다.

"이 물을 모두 마시면 바닥에 있는 그 뼈를 얻을 수 있을 거야."

그래서 하이에나는 우물의 물을 마시고 또 마셨다. 하지만 물은 줄어들지 않았다. 물을 계속해서 마신 하이에나는 결국 배가 물로 가득 차서 죽고 말았다.

술탄과 뱀 아이

오래전 한 술탄과 그의 와지르가 있었다. 그 두 사람은 매우 부유했지만, 모두 자식이 없었다. 그들은 자식 없이 죽게 되면 이 많은 재물을 누구에게 물려주어야 하는지 함께 고민했다. 어느 날 술탄이 와지르에게 말했다.

"먼 나라로 가면 우리에게 무엇을 해야 할지 알려줄 현명한 사람이 있을 거다."

그들은 함께 떠나 삼 년을 방황하다가 마침내 세월의 무게로 허리가 굽은 한 노파를 만났다.

노파가 그들에게 말했다.

"나는 너희가 왜 왔는지 알고 있다."

노파는 큰 호수의 바닥으로 가라앉았다가 다시 올라왔다. 물에서 나온 노파의 손에는 끈적끈적한 뿌리로 만든 두 개의 부적이 들려 있었다. 노파는 그중 하나를 술탄에게, 다른 하나를 와지르에게 주면서 말했다.

"이것을 받아라. 집으로 돌아가면 너희의 소원이 이미 이루어졌다는 것을 알게 될 것이다. 하지만, 이 부적에는 조건이 달려 있다. 마을에 도착하면 누구에게도 이 일을 말하지 말아야 한다. 집으로 가는 길에 새처럼 재잘거리지도, 뒤를 돌아보지도 말아야 할 것이다."

노파는 여윈 손을 흔들며 그들에게 인사했다.

"너희들은 삼 년이나 걸려 나에게 왔지만, 한 달 만에 돌아갈 수 있을 것이다. 잘 가라."

그렇게 술탄과 와지르는 집을 향해 발걸음을 옮겼다. 집으로 돌아가는 길에 와지르가 말했다.

"알라께 감사드립니다. 우리의 소원이 이루어졌군요."

한편, 술탄은 노파의 경고를 잊고 새처럼 재잘거렸다.

"눈으로 직접 봐야 믿을 수 있을 거야."

한 달 후 그들은 마을의 문을 통과했고, 곧 대포 소리가 울리며 소식이 퍼졌다.

"술탄의 궁전에 후계자가 생겼고, 와지르의 집에도 후계자가 생겼다."

급히 집으로 돌아간 와지르는 그곳에서 매우 아름다운 그의 아들을 만났다. 술탄도 기대에 차 궁전으로 돌아갔지만, 궁전에는 뱀 한 마리가 있을 뿐이었다.

와지르에게 아름다운 아들이 생겼다는 말을 들은 술탄은 매우 기뻐하며 매일 그 아이를 만나러 와지르의 집을 드나들었다. 그리고 정작 그의 아들인 뱀은 궁전의 하인들을 시켜 궁전에서 내쫓으라고 명령했다.

한편, 궁전에는 '미지'라고 불리는 노예 소녀가 있었다. 어느 날 소녀는 술탄의 하인들이 뱀을 강에 던지려고 하는 것을 보고 말했다.

"그 뱀을 저에게 주십시오. 제가 그 아이를 제 자식처럼 키우겠습니다."

미지는 그 뱀을 받아 목에 걸고 키웠다. 뱀이 자라자, 그녀는 술탄에게 가서 말했다.

"저에게 풀로 된 집을 지어 주십시오. 제가 그 뱀 아이와 함께 살 수 있도록요."

그래서 그들을 위한 작은 움막이 지어졌고, 그녀는 그 뱀과 함께 그곳에 머물렀다. 그녀는 요리용 냄비를 가져가서 자신과 뱀을 위해 음식을 만들었다. 매일 그 뱀에게 먹이를 주었고, 뱀은 점점 자라나 결국 움막 전체를 채웠다. 그러자 그 뱀이 미지에게 말했다.

"술탄께 가서 그의 작은 뱀이 일곱 층짜리 돌집을 원한다고 전하세요. 용감한 장인들이 만든 집 말이에요. 단, 장인들이 요구하는 것은 모두 들어주어야 할 거예요."

미지는 그 말을 술탄에게 전했고, 술탄은 용감한 장인들을 수소문했다. 그들은 일주일 만에 일곱 층짜리 집을 지었고, 그들이 요구한 임금은 모두 지급되었다. 집이 완성되자 그들이 말했다.

"가서 작은 뱀에게 집이 완성되었다고 전하시오."

미지와 뱀은 그 집으로 옮겨가서 살았다. 어느 날 뱀이

미지에게 말했다.

"저를 교육해 줄 현자를 찾아주세요. 자기의 마음을 다스릴 줄 아는 자, 두려움이 없는 자여야 해요. 또한 자신의 의지로 이곳에 올 사람이어야 합니다."

뱀의 요청에 미지는 현자를 찾아다녔지만, 그녀가 만난 현자는 모두 그 뱀에게 삼켜질까 봐 두려워했다. 다행히 마지막 남은 현자가 말했다.

"내가 가겠소. 미지, 당신도 그 뱀과 함께 살면서 이렇게 잘 살아있지 않소? 그러니 내가 먹힐 이유도 없겠지."

그렇게 마지막 현자는 미지의 집으로 와 뱀에게 각종 학문을 가르쳤고, 그가 아는 모든 내용을 가르친 후 술탄에게 가서 충분한 보수를 받았다.

그러던 어느 날 뱀이 또다시 그녀에게 말하였다.

"이제 제 아내를 찾아주세요. 자신의 의지로 올 여자여야 해요. 그녀가 원하는 돈은 모두 주는 조건으로요."

미지는 전국을 돌며 뱀의 아내를 찾았다. 하지만 누가 그 큰 뱀에게 제 발로 가겠느냐며 아무도 뱀의 아내가 되기를 원하지 않았다.

한편, 그 나라에는 일곱 딸을 둔 매우 가난한 남자가 살고 있었다. 술탄의 아들인 뱀이 아내를 구한다는 소식은 이 집에도 전해졌다. 그의 모든 딸은 거절했지만, 일곱 번째이자 가장 어린 딸이 용기를 냈다.

“우리, 너무 가난하잖아요. 먹히는 한이 있더라도 제가 그 뱀에게 가겠어요. 상관없어요.”

사람들은 그 소녀를 진주와 보석, 비단옷으로 치장시키고 나서 미지를 불렀다.

“이 소녀가 뱀의 아내가 될 자입니다. 데려가세요.”

미지는 그녀를 데리고 뱀에게로 갔다. 뱀은 미지에게 소녀가 불편하지 않도록 필요한 모든 것을 준비해 달라고 부탁했다.

밤이 되자 미지는 그 소녀와 함께 잠들었다. 자정이 되자 뱀은 겉껍질에서 나와 나무 신발을 신고 욕실로 가서 세수했다. 세수를 마친 후 그는 기도용 깔개를 펼쳐 기도하고는 코란을 읽었다. 그 후 소녀 옆에 앉아 그녀를 바라보며 말했다.

“내 아내는 정말 아름답구나. 아름다운 눈, 사랑스러운 귀, 길고 곧은 머리카락을 가졌구나. 아아! 불쌍한 나, 난 뱀일 뿐이니까. 잘 자시오, 내 아름다운 아내여.”

뱀은 이렇게 말하고 다시 자신의 겉껍질 속으로 들어가 잠들었다.

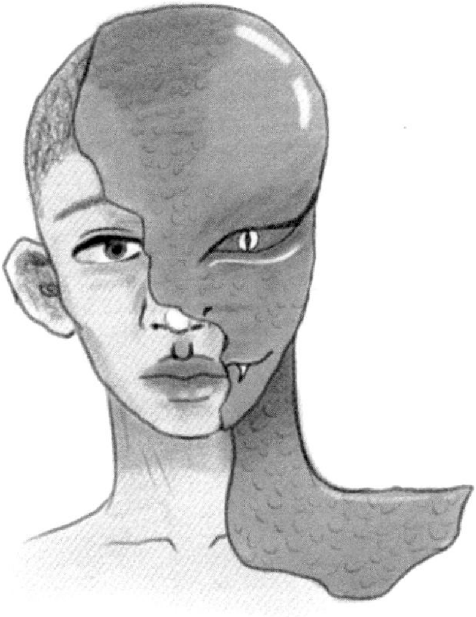

그렇게 일주일이 지났고, 여덟째 날이 밝았다. 미지가 소녀에게 말했다.

"네 엄지손가락에 실을 묶을 테니, 내가 당기면 눈을 뜨고 그를 봐라."

그날 밤 자정 무렵, 뱀이 겉껍질에서 나오자, 미지는 실을 당겼다. 소녀의 눈앞에는 놀랍도록 아름다운 청년이 있었다. 그 나라 어디에도 그만큼 아름다운 청년은 없을 정도였다.

뱀은 욕실로 가서 세수하고 돌아와 기도하고 코란을 읽

었다.

새벽바람이 불기 전, 그는 아내를 한 번 보고는 다시 자기 껍질로 들어갔다. 새벽이 되자 미지는 소녀와 이야기를 나눴다. 그리고 술탄에게 가서 말했다.

“기름 세 통과 장작을 주십시오.”

미지는 기름과 장작을 받아 들고 집으로 와 소녀에게 말했다.

“이제 옆 방에 구덩이를 파자꾸나.”

그들은 구덩이를 파고 나무를 넣은 후 기름을 부었다.

그날 밤 그들은 자정 이후까지 잠을 자지 않고 기다렸다. 청년이 욕실로 가자 그들은 급히 일어나 뱀이 벗어 둔 겉껍질을 잡아당겼다. 그리고 그것을 옆 방 구덩이로 끌고 가려고 했지만 너무나 무거웠다. 그들은 모든 힘을 다해 끌어당겼고, 결국 그것을 구덩이에 넣는 데 성공했다. 그리고 나무와 기름에 불을 붙였다.

욕실에 있던 청년은 가죽이 타는 소리를 듣고 달려와 미지에게 말했다.

“내 옷을 가져가 불에 태우다니, 무슨 일을 한 거예요?”

그렇게 말하고 그는 쓰러졌다. 그리고 다음 날까지도 의식을 회복하지 못했다. 그는 자신의 겉껍질 밖의 세상을 몰랐기 때문이다.

청년이 겨우 의식을 회복하자 미지는 그에게 죽을 만들어 주었다. 죽을 먹고 기운을 차린 청년은 미지에게 말했다.

"술탄께 가서 제물을 바치라고 전해 주세요. 금은보화가 가득 든 아홉 개의 조개껍데기를 바치라고요. 제가 모레 직접 밖으로 나가야겠어요."

미지는 그 소식을 술탄에게 전했지만, 술탄은 거절했다.

"돌아가서 그 뱀에게 먹혀 버려라. 이제 더는 네 어리석은 행동을 참아 줄 수가 없구나. 너는 가난한 사람의 딸을 데리고 가 뱀에게 주었고, 그녀를 제물로 삼지 않았느냐? 이제 네 차례다. 오늘이 너를 보는 마지막 날이었으면 좋겠구나."

미지는 돌아와 청년에게 말했다. 미지의 말을 들은 청년이 대답했다.

"그럼 어쩔 수 없죠. 운이 없는 자는 운을 믿지도 않지요. 금요일에는 제 스스로 밖으로 나가 보겠어요. 알라께서 함께해 주시기를."

금요일이 되자 그는 진주와 보석으로 장식한 말을 타고 모스크로 가서 다른 사람들과 함께 기도했다. 술탄은 그가 자기 아들인 줄 꿈에도 몰랐다.

그때 미지가 나와 기쁨에 가득 찬 목소리로 모스크에 있는 사람들을 향해 외쳤다.

"오늘 나를 보라. 오늘은 내 아들, 뱀이 생명을 얻은 날이다."

사람들은 미지가 미쳤다고 생각했다. 술탄이 기도를 마치고 나오자, 미지가 그에게 말했다.

"오늘 내 아이가 세상 밖으로 나왔습니다."

"평화가 함께 하라."

미지의 말을 들은 술탄이 이렇게 대답하고는 말에 올라탔다. 청년의 뒤를 따르던 술탄은 그가 자기 아들임을 눈치챘다. 그러고는 크게 기뻐했다. 그리고 하인들에게 명령했다.

"궁전으로 가서 다이아몬드와 쿠션, 카펫과 매트를 모두 펼쳐라. 가치 있는 것은 아무것도 남기지 말고, 모두 펼쳐라."

이윽고, 가난한 남자의 막내딸과 뱀의 결혼식이 성대하게 열렸다. 그 이후로도 뱀은 미지를 자신의 어머니처럼 극진히 모셨고, 그가 술탄이 되자 그의 왕국을 미지에게 주었다. 버려질 뻔한 뱀을 지혜로운 청년으로 키워낸 덕이었다.

가난한 남자와 그의 나무 아내

오래전 한 가난한 남자가 있었다. 구걸로 삶을 이어가던 어느 날 그는 혼자 앉아 생각에 잠겼다.

"나는 가난하고 아내도 없다. 나갔다 오면 집에서 나를 반겨줄 사람도 없고, 내가 없는 동안 음식을 해줄 사람도 없구나."

그래서 그는 숲으로 가서 나무를 베어 그 나무로 여자를 조각했다. 조각을 마친 후 그는 나무로 만든 보석과 목걸이로 그녀를 장식하고 집으로 데려왔다. 놀랍게도 그 나무는 곧 여자로 변했고, 남자는 그녀에게 '뿌리의 아이'라는 뜻의 '무와나미지'라는 이름을 붙여 주었다.

어느 날, 남자가 구걸하러 나갔을 때 술탄의 궁전에서 일하는 한 노예 소녀가 불을 피울 장작을 찾던 중 남자의 집을 발견하고는 문을 두드렸다. 아무런 인기척이 없자 소녀는 집 안으로 들어가 부엌으로 갔고, 그곳에서 진주와 보석으로 치장한 아름다운 여인을 마주쳤다. 소녀는 술탄에게 달려가 말했다.

"궁전 옆, 구걸하는 자의 집에서 놀랍도록 아름다운 여자를 봤습니다."

소녀의 말을 들은 술탄은 병사들에게 명령했다.

"그 거지의 아내를 데려오라. 이 노예의 말이 진실인지 거짓인지 확인해야겠다."

그들은 남자의 집으로 가 무와나미지를 궁전으로 데려왔다. 술탄의 눈에도 그녀는 매우 아름다웠다.

"이 여인은 거지에게 어울리지 않는구나. 내가 그녀를 내 아내로 삼아야겠다."

가난한 남자가 구걸을 끝내고 집으로 돌아왔을 때, 아내는 집 안 어디에도 없었다. 아내를 찾는 남자를 본 이웃들은 그에게 말했다.

"술탄이 그 여인을 궁전으로 데려갔습니다."

남자는 짐을 내려놓고 궁전으로 달려가 술탄 앞으로 가 물었다.

"내 아내를 데려가셨다고요? 내 아내는 지금 어디에 있습니까?"

술탄은 대답했다.

"내 눈앞에서 사라져라, 어리석은 자여. 그렇지 않으면 내 병사들이 너를 가만두지 않을 것이다."

남자는 술탄의 말에 아랑곳하지 않았다.

"만약 내 아내를 돌려주지 않겠다면, 그녀가 차고 있는 장신구라도 돌려주십시오. 그러면 돌아가겠습니다."

그 말에 술탄은 병사들을 불러 그를 궁전에서 내쫓았다.

내쫓긴 남자는 술탄의 창문 아래로 가서 노래를 불렀다.

"오, 주인이시여, 제 말을 들어주십시오.
제 아내는 저기 있는 나무를 조각해 만들었습니다.
열정적으로 잘 조각했고,
금으로 된 목걸이로 장식했습니다.
이 장신구와 보석들을 돌려주십시오.
제 것입니다.
그리고 무와나미지여, 이제 저를 놓아주십시오."

남자의 노래를 들은 여자의 두 눈은 눈물로 가득 찼다. 술탄은 그녀에게 말했다.

"그 장식품을 어서 그에게 던져라. 내가 너에게 그것보다 열 배 더 귀하고 희귀한 것을 주겠다."

여자는 그러고 싶지 않았다. 가난한 남자는 다시 노래했다.

"오, 주인이시여, 제 말을 들어주십시오.
제 아내는 저기 있는 나무를 조각해 만들었습니다."

노래가 끝나기도 전에 여자는 장신구를 그에게 던지며 노래했다.

"장신구도 당신 것이오,
금으로 된 목걸이도 당신 것이니,
가져가세요,
오, 가져가세요, 마카미여,
그리고 나를 떠나세요."

그녀는 흐느끼며 모든 것을 벗어 던졌고, 그녀의 목에는 단 하나의 목걸이만 남았다.

술탄이 말했다.

"모든 장신구를 빨리 그에게 던져라. 그래야 그가 떠날 수 있을 테니."

하지만 무와나미지는 마지막 남은 그 목걸이를 놓으려 하지 않았다. 그 목걸이에 달린 부적은 그녀의 영혼이었기 때문이다. 잠시 후 가난한 남자가 다시 노래를 불렀고, 무와나미지는 목에서 부적을 풀어 그에게 던졌다. 그 순간 그녀는 술탄의 궁전 한가운데서 한 그루의 나무로 변했다.

가난한 남자는 그렇게 집으로 돌아갔고, 술탄은 두려움에 사로잡혔다.

현명한 여인, 빈티 알리

오래전 한 술탄과 그의 재상, 와지르가 있었다. 술탄에게는 일곱 명의 아들이 있었고, 와지르에게는 일곱 명의 딸이 있었다.

불행하게도 일찍 아내를 떠나보낸 와지르의 가족은 매우 가난하기까지 했다. 술탄의 아들들은 그런 그들에게 조롱을 퍼부었다.

"가난한 자들아, 너희들은 뭘 먹고 살지? 우리 아버지가 너희 아버지에게 임금을 주시는데, 한 집에 일곱 사람이 어떻게 살 수 있겠니? 가엾은 자들아, 너희에게는 도와줄 남자 형제도 없잖아."

와지르의 딸들은 바구니를 엮어 팔아 생계를 이어갔다. 매일 학교에서 돌아오면 바구니를 엮어 파는 것이 그들의 일이었다. 딸들의 눈에는 눈물이 마를 날이 없었다.

어느 날, 가장 어린 딸인 '빈티 알리'가 아버지와 함께 앉아 있다가 말을 꺼냈다.

"아버지, 앞으로 저희 딸들이 어떻게 사는 게 좋을까요?"

아버지는 빈티 알리에게 물었다.

"왜 그런 질문을 하느냐, 내 딸아?"

빈티 알리가 말했다.

"아버지에게는 일곱 명의 딸밖에 없어요. 저희는 남편도 형제도 없어요. 만약 아버지께 무슨 일이 생기면, 누가 우리를 이끌어줄까요? 아버지, 저를 위해 배 한 척을 만들어 주세요. 삼 년 안에는 완성이 되어야 해요."

빈티 알리의 말을 들은 아버지가 말했다.

"배를 만들 재물을 어디서 구한단 말이냐?"

그녀가 대답했다.

"자비로운 신께서 내려 주실 거예요."

다음 날 아침, 잠에서 깬 와지르는 술탄에게 가서 말했다.

"제 가장 어린 딸이 배를 만들어 달라고 합니다. 도와주십시오."

술탄은 구십만 루피를 꺼내 와지르에게 주었다. 그 돈으로 와지르는 배를 만들 일꾼들을 찾았고, 그들에게 삼 년 안에 배를 완성할 것을 당부했다.

한편, 빈티 알리는 매우 아름다운 아이였다. 그녀의 아름다움은 다른 모든 자매를 앞섰다. 많은 남자가 그녀와 결혼하기 위해 찾아왔지만, 그녀는 거절하며 말하였다.

"저는 가난합니다. 아버지가 결혼 비용을 마련해 주실 수 없어요."

어느덧 삼 년이 지나 배가 완성되었다. 아버지는 딸을 불러 말했다.

"네 배가 완성되었다."

그녀는 배를 보러 갔다. 배는 놀랍도록 아름다웠다. 돌아온 그녀는 아버지에게 말했다.

"배에 탈 선장과 선원들을 찾아주세요. 그리고 배에 삼 년 동안 먹을 식량을 충분히 실어 주세요."

와지르는 딸을 위해 선원들을 찾아주고 배에 식량도 실어 주었다. 돌아온 아버지를 보고 빈티 알리가 말했다.

"아버지, 이제 저에게 멋진 의복과 술탄의 터번, 셔츠와 코트, 검과 단도를 사주세요. 또한, 금실로 엮은 샌들과 남성용 금반지도 두 개 구해 주세요."

그녀의 아버지는 딸이 말한 것들을 모두 구해 돌아왔다.

"내 딸아, 네가 원하는 것들은 모두 준비되었다. 그런데 어디로 가는 게냐? 말해 보거라."

빈티 알리가 말했다.

"아버지, 모르셨어요? 저는 술탄 '마카미'의 나라로 가는 거예요."

그 말을 들은 아버지가 말했다.

"내 딸아, 그건 애초에 불가능한 일이다. 술탄 마카미의 나라에 여자가 들어갈 수 없다는 걸 모르느냐? 남자가 아닌 자가 그 나라에 들어가면 죽임을 당해."

빈티 알리가 말했다.

"아버지, 당신께서는 이 땅을 다스리는 지혜로운 성인이신데 눈치채지 못하셨어요? 아버지께서 사다 주신 옷들이 모두 남자의 옷이라는 것을 모르셨나요? 저는 마카미의 나라에 가보고 싶습니다."

딸의 말을 들은 아버지가 말했다.

"내가 네가 떠나는 이 여행을 허락하지 않는다."

딸은 대답했다.

"제 운명은 신의 손에 달려 있습니다."

빈티 알리는 욕실로 들어가 몸을 씻고 나와서 남자 옷을 입었다. 그녀는 모든 다른 자매보다 더 지혜로웠고 코란에 대해서도 이미 해박한 지식을 가지고 있던 터였다.

빈티 알리는 그녀의 개, '아타칼로'를 데리고 배에 올라탔다. 그녀의 항해는 낮과 밤을 가리지 않고 삼 년 동안 계속되었다. 삼 년간 바다 한가운데서 행해진 빈티 알리의 특훈 덕택에 아타칼로도 다른 개들과 비교할 수 없을 정도로 영리해졌다.

삼 년이 다 되어갈 무렵, 빈티 알리의 배는 술탄 마카미의 나라에 근접했고, 예포를 쏘아 도착했음을 알렸다. 육지의 사람들 또한 예포로 응답했다.

그녀의 배가 육지 가까이 다가오자, 술탄의 아들은 배를 타고 나와 그녀를 맞이했다. 그는 그와 남자들의 인사를 나눴다.

"평화가 당신과 함께하기를."

"평화가 당신과 함께하기를."

그녀는 술탄의 아들과 함께 육지로 올라가 궁전으로 갔다. 궁전에 도착하자 아들은 아버지인 술탄에게 조용히 말했다.

"이 사람이 남자인지 여자인지 어떻게 알 수 있을까요? 매우 뜨거운 죽을 주면, 여자는 마실 수 없을 테니 여자라면 그때 죽여버리면 되겠어요."

그들은 음식을 준비하라고 명령했다.

"깔개와 접시, 큰 쟁반과 금잔을 가져와서 잔치 준비를 해라."

음식이 준비되자 그들은 빈티 알리에게 매우 뜨거운 죽을 권했다. 빈티 알리는 그들의 속셈을 간파하고는 그것을 받아서 던져 버리며 말했다.

"내가 여자로 보이느냐? 그래서 그런 차가운 죽을 주는 게냐?"

빈티 알리의 말에 놀란 그들은 죽을 다시 준비해 매우 뜨겁게 데워서 그녀에게 주었다.

"아, 이건 술탄의 아들이 마시기에 적합한 것이로군."

빈티 알리는 이렇게 말하며 그릇을 잠시 옆에 두었다. 그러자 그녀의 개, 아타칼로가 그 위에 바람을 불어 죽을 빠르게 식혔고, 그녀는 식힌 죽을 순식간에 마셔버렸다. 그 이후로도 맛있는 음식들이 끊이지 않았다. 빈티 알리와 뱃사람들은 모두 배불리 먹고 배로 돌아갔다.

손님들이 모두 간 후, 술탄이 말했다.

"내일 저자를 보석과 장신구가 가득 담긴 내 창고로 데려가 보아라. 만약 여자라면 분명히 알 수 있을 거야. 여자는 장신구를 보고 가만히 있을 수 없을 테니."

그날 밤 내내 빈티 알리는 아타칼로에게 해야 할 일을 가르쳤다. 다음 날 아침 술탄의 아들이 그녀를 데리러 왔다.

"아버지가 저를 보내시어 당신을 보물 창고로 데려가 보물을 보여드리라고 하셨습니다."

그들은 술탄의 보물 창고로 갔고, 술탄의 아들은 그녀에게 목걸이, 코걸이, 발찌, 팔찌, 여성용 금반지, 귀걸이 등을 보여주었다. 빈티 알리가 말했다.

"이 나라에는 남성용 장신구가 없어서 여성용 보석만 보여주는 것입니까?"

빈티 알리의 말을 들은 그들은 그녀를 다음 창고로 데려갔다. 그곳에는 금으로 장식된 단검과 각종 무기, 검과

권총, 총과 소총이 있었다. 그녀가 이에 대한 찬사를 늘어놓는 사이, 아타칼로는 금 장신구들을 찾아 입에 가득 물고 배로 가져갔다. 아타칼로 덕분에 빈티 알리는 많은 재물을 배에 실을 수 있었다.

모든 계획이 실패로 돌아가자, 술탄의 아들이 아버지에게 말했다.

"이제 어떻게 해야 할까요? 그녀가 여자라면 죽여야 할 텐데요."

술탄은 말했다.

"터번을 벗게 하자. 그가 터번을 다시 묶는 방식을 보면 여자인지 아닌지 확실히 알 수 있을 것이다."

술탄의 말을 들은 아들은 빈티 알리에게로 가서 말했다.

"이제 씻으시지요."

빈티 알리가 말했다.

"감사합니다만, 저는 이미 배에서 씻고 왔습니다."

그러자 술탄의 아들이 말했다.

"얼굴만이라도 씻으시는 것이 어떨지요?"

그의 말을 들은 빈티 알리는 그들의 속셈을 간파했다.

"물론입니다. 하지만 저는 당신과 당신의 아버지가 씻으신 후 씻겠습니다."

그들이 터번을 벗고 씻기 시작했을 때, 갑자기 밖에서

소리가 들렸다.

"술탄의 집이 불타고 있습니다."

아타칼로가 불붙은 나무 조각을 가져와 궁전에 불을 질렀던 것이다. 술탄과 그의 아들 그리고 궁전의 모든 사람은 터번을 손에 들고 밖으로 달려 나가 무슨 일이 일어났는지 살폈다. 그리고는 모두 불을 끄는 일에 열중했다. 그때를 틈타 빈티 알리는 급히 달려가 배에 올랐다. 그 사이, 아타칼로는 술탄의 항구에 있는 모든 선박의 바닥에 구멍을 뚫고 돌아왔다.

이 모든 일이 끝나자, 빈티 알리는 닻을 올리고 여성의 옷으로 갈아입었다. 술탄과 그의 아들 그리고 궁전의 사람들은 그녀가 배를 타고 도망가는 것을 보자 해변으로 달려가 배를 타고 뒤따르려 했다. 하지만 그들이 띄운 모든 배는 침몰하고 말았다. 빈티 알리는 갑판에 올라 그들을 바라보았다.

> "마카미, 내 팔찌와 반지를 보라.
> 내 발찌를 보라, 마카미.
> 아, 보라!
> 내 목에 걸린 아름다운 금 사슬을 보라.
> 내 귀고리와 코걸이를 보라.
> 마카미, 나를 잘 보라.

나는 빈티 알리, 와지르의 딸이다.
마카미, 나는 바다 건너에서 왔다.
우리는 모두 일곱 명이며, 내가 가장 막내이니.
잘 있거라, 마카미,
작별을 고한다.
마카미, 잘 있거라."

노래를 마친 그녀는 선장에게 말했다.

"돛을 올려라, 집으로 돌아가자."

빈티 알리가 집에 도착했을 때, 그녀의 아버지와 자매들은 그녀의 장례식을 치르고 있었다. 빈티 알리가 떠난 지 이미 여러 해가 지났기 때문에 그들은 그녀가 죽었다고 생각했던 것이다.

빈티 알리가 돌아온 것을 본 가족들은 매우 기뻐했다. 아타칼로가 술탄의 보물 창고에서 가져온 금은보화들도 집으로 가져왔다. 가족들은 돌아온 빈티 알리를 위해 사흘 내내 성대한 잔치를 열었다. 일주일 정도 지났을 때 빈티 알리가 아버지에게 말했다.

"술탄 마카미의 아들이 저를 죽이러 올 거예요. 그가 여기 와서 저와의 결혼을 요청한다면 거절하지 말고, 허락해 주세요. 제가 지혜롭게 해결하겠어요."

머지않아 마카미 술탄의 아들이 와지르를 찾아왔다.

"당신의 딸 빈티 알리와 결혼하고 싶습니다."

와지르는 허락했다.

그날 밤, 빈티 알리는 큰 호박을 가져다가 꿀로 가득 채우고는 침대 위 이불 속에 넣은 후, 침대 아래로 들어가 몸을 숨겼다. 곧 마카미 술탄의 아들이 그녀의 방으로 들어와 그녀에게 말했다.

"여자인 네가 감히 남자로 가장해 우리를 속일 수 있다고 생각하느냐? 오늘이 네 마지막 날이니, 어서 신앙을 고백하라. 너도 죽음을 준비해야 하지 않겠느냐?"

침대 밑에 몸을 숨긴 빈티 알리가 말했다.

"나는 알라 외에 신은 없으며, 무함마드는 알라의 예언자임을 증언합니다."

그러자 술탄의 아들은 칼을 뽑아 침대 위 호박을 두 조각으로 베었고, 곧바로 배에 올라타서 그의 나라로 떠났다. 한참 후 그가 칼을 들어 피를 닦으려고 했을 때, 칼에는 피 대신 꿀이 한가득 묻어 있었다.

꿀을 찾는 새, 세구

'세구'라고 불리는 새가 있다. 세구는 매일 숲속을 돌아다니며 벌집을 찾는다. 벌집을 찾으면 사람들을 찾아가서는 "체! 체! 체! 체!"라고 우는데, 그것이 사람들을 벌집으로 유인하는 신호이다. 사람들은 이 소리를 듣고 세구를 따라간다. 세구는 이 나무 저 나무 날아다니며, "체! 체! 체! 체!"라고 외치다가 꿀이 있는 나무에 도착해서는 그 주변을 빠르게 돌며 다시 "체! 체! 체! 체!"라고 외친 후 나무에 걸터앉는다. 사람들이 그 나무를 올려다보면 어김없이 벌집이 있다. 사람들은 도끼로 벌집에 구멍을 내고 꿀을 꺼낸다. 그들은 꿀을 얻고는 매우 기뻐하며, 세구를 위해 조금은 남겨둔다. 사람들이 떠나면 세구가 나와 그들이 남겨둔 꿀을 찾는다. 세구는 앉아서 꿀을 먹고 배를 채운 후 다시 날아간다. 이것이 바로 세구의 생활 방식이다.

어느 날, 세구는 잠든 사자를 보았다. 그러고는 사람들을 찾아다니며 "체! 체! 체! 체!" 울었다. 세구의 소리를 들은 사람들은 생각했다.

'오늘도 세구가 우리에게 많은 꿀을 보여주겠지?"

사람들은 세구를 따라갔다. 하지만 그들이 도착한 곳에

는 사자가 누워있었다. 사람들은 사자 앞에서 옴짝달싹도 할 수 없었다. 사자가 사람들을 위협하자 그들은 급히 도망치며 말했다.

"이런, 못된 세구 같으니. 매일 꿀을 보여주고선, 오늘은 우리를 사자에게로 인도하였구나."

릴라와 필라

오래전 매우 가난한 두 사내가 있었다. 한 사내의 이름은 '릴라'였고, 다른 사내의 이름은 '필라'였다. 그들은 둘도 없는 친구 사이였다.

어느 날 필라가 릴라에게 말했다.

"우리 어머니들은 매우 가난하시잖아? 어떻게 해야 우리가 어머니들이 우리에게 베풀어 주신 은혜를 갚을 수 있을까? 우리는 벌써 이렇게 성인이 되었지만, 아직도 어머니들께 드릴 돈을 벌지 못하고 있구나. 그래서 말인데, 여행을 떠나서 무엇이라도 찾아보는 것이 어떨까?"

릴라는 친구의 말에 동의했다. 그래서 각자 어머니에게 가서 말하기로 했다.

"어머니, 저에게 라두 케이크를 일곱 개 만들어 주세요. 매우 먼 나라로 여행을 떠날 거예요."

그 말을 들은 어머니가 말했다.

"사랑스런 아이야, 어디로 가는 거니? 필라와 함께 떠나는 것이냐?"

릴라의 어머니는 필라가 자기 아들에게 상처를 줄까봐 걱정이 됐다.

"필라와 함께 가지 말거라. 그는 너를 떠날 거야. 너는 모든 것을 잃을 거다."

하지만 어머니의 이러한 말은 릴라의 마음을 돌리기에 역부족이었다.

"필라와 한시도 떨어질 수 없어요. 무엇인가를 잃게 된다 해도 그것이 친구 때문이라면 그 또한 견뎌내야겠지요."

다음 날, 릴라와 필라는 각자 일곱 개의 라두 케이크와 물이 든 호리병을 한 병씩 준비해 들고 길을 나섰다.

그날 저녁 필라가 릴라에게 말했다.

"네 라두 중 하나를 꺼내서 함께 먹도록 하자. 네 것을 먼저 먹고, 다 먹으면 내 것을 먹자."

릴라는 라두를 하나 꺼내 필라와 함께 나눠 먹었다. 둘째 날에도 마찬가지였고, 셋째 날과 넷째 날에도 릴라는 자신의 라두를 꺼내 놓았다. 어느덧 일곱 번째 날이 되었고, 릴라의 라두는 모두 동이 났다. 여덟째 날, 릴라가 필라에게 말했다.

"친구여, 이제 네 라두를 나눠 먹도록 하자. 내 것은 모두 다 떨어졌구나. 배가 고파서 견딜 수 없어."

릴라의 말을 들은 필라가 대답했다.

"네 칸주를 내게 주면, 내 라두를 나눠주도록 하지."

그래서 릴라는 자신의 칸주를 벗어 필라에게 주었다. 그제야 필라는 자신의 라두를 조금 떼어 릴라에게 주었다.

다음 날도 마찬가지였다. 배가 고픈 릴라는 필라에게 라두를 나눠달라고 부탁했고, 필라는 그 대가로 릴라의 옷을 요구했다.

"친구여, 배가 너무 고프구나. 네 두 번째 라두를 나에게 조금 주지 않겠니?"

"네 조끼를 내게 주면, 내 라두를 나눠주도록 하지."

다음 날과 그다음 날도 마찬가지였다. 여행을 나선 지 열두 번째 날이 되자 릴라는 모든 옷을 필라에게 빼앗기고 말았다. 그리고 열세 번째 날, 릴라가 라두를 달라고 요청하자 필라가 말했다.

"네 눈 중 하나를 내게 주면, 내 라두를 나눠주도록 하지."

배고픈 릴라에게는 딱히 다른 방법이 없었다.

"어쩔 도리가 없구나. 나는 지금 너무 배가 고픈걸."

필라는 친구의 한쪽 눈을 뽑았고, 릴라는 아무 말도 하지 않았다. 그는 이 모든 불행을 신의 손에 맡겼다. 그리고 그다음 날인 열네 번째 날, 릴라가 필라에게 말했다.

"친구여, 나는 어머니를 떠나 친구인 너를 따라왔는데, 너는 나를 계속 곤경에 빠뜨리는구나. 너는 내 라두를 다 먹어 치우고, 내 옷을 모두 빼앗고 어제는 결국 내 한쪽 눈도 뽑아 버렸지. 오늘도 배고픈 내게 네 라두 조각을 내주지 않을 생각인 거냐?"

그 말을 들은 필라가 말했다.

"그래, 내 라두를 조금 나눠 주지. 만약 네가 네 다른 쪽 눈을 뽑는 것에 동의한다면 말이다."

모든 것을 체념한 릴라가 그에게 말했다.

"그래, 내 다른 눈도 가져가라."

필라는 릴라의 다른 눈도 마저 뽑았다. 그러고는 릴라를 나무 아래에 앉혀놓고 물이 든 호리병과 라두 한 조각을 그의 옆에 두고 길을 떠났다. 눈이 먼 릴라는 길 한가운데 벌거벗은 채로 남겨졌다.

릴라는 그곳에 한참을 멍하니 앉아 있었다. 정신을 차린 그는 옆에 있던 라두 한 조각을 베어 물고, 물을 한 모금 마시고는 신께 기도하고 잠이 들었다. 자정이 되자 두 마리의 새가 날아와 그 나무에 앉았다.

한 새가 말했다.

"어이, 친구야, 내가 부를 노래가 있네."

다른 새가 물었다.

"어떤 노래를 부를 거야?"

그러자 첫 번째 새가 아래를 내려다보며 말했다.

"봐라, 아래에 잠든 인간이 있네."

다른 새가 말했다.

"아, 아담의 아들이로군. 그가 누운 그곳에 바로 돈이 가득 든 항아리가 묻혀 있잖아? 맞은 편에 있는 저 나무는 미친 사람에게 약이 된다는 그 나무고. 아, 그가 기대고 있는 나무는 눈을 치료해 준다는 그 나무로군."

새들은 이렇게 이야기를 나누고서 날아가 버렸다. 나무 밑에서 새들의 말을 모두 듣고 있던 릴라는 새들이 떠나자, 몸을 일으켜 기대고 있었던 그 나무의 껍질을 조금 긁어내어 눈 위를 문질렀다. 두 눈은 곧 씻은 듯이 나았다. 눈을 되찾은 릴라는 새가 말했던 대로 맞은 편 나무로 가서 나무뿌리를 조금 챙기고, 그다음 자신이 누워 있던 곳을 파내 돈 항아리를 찾아냈다. 항아리에서 약간의 돈을 꺼낸 릴라는 나머지를 흙으로 잘 덮어두고 길을 나섰다.

다음 날 그는 한 마을에 도착했다. 릴라는 그곳에서 술탄의 딸이 정상이 아니라는 소식을 듣게 되었다. 사람들이 그에게 말했다.

"술탄의 딸을 치료할 수 있는 사람만이 여기에 들어올 수 있습니다. 그녀가 미친 지 이제 일곱 번째 해가 되었습니다. 술탄은 딸을 치료하는 자를 그의 사위로 삼고, 치료하지 못하는 자는 죽여버리겠다고 신께 맹세했지요."

릴라는 그 마을로 들어갔고, 곧 술탄 앞에 끌려갔다. 술탄은 그에게 물었다.

"내 딸을 치료할 수 있소?"

릴라는 대답했다.

"술탄이시여, 저는 약은 잘 모르지만 한 번 애써보겠습니다."

릴라는 일곱 개의 문을 지나 한 방에 이르렀다. 방 안에는 술탄의 딸이 있었고, 그녀의 손과 발은 사슬로 묶여 있었다.

릴라는 서둘러 나무뿌리를 꺼내 술탄의 딸에게 먹였다. 얼마 지나지 않아 그녀의 병은 씻은 듯이 나았다.

술탄은 크게 기뻐하며 잔치를 준비시켰고, 릴라를 자기 딸과 결혼시켰다. 그리고 왕좌에서 내려와 릴라를 자신의 자리에 앉혔다. 릴라는 그 마을의 술탄이 되었다.

어느 날, 릴라는 궁전 밖을 내다보던 중 한 남자가 지나가는 것을 보게 되었다. 그가 가까이 오자 릴라는 그 남자가 자신의 친구 필라임을 알아보았다. 릴라는 병사들에게 그를 잡아다가 자신 앞에 데려오라고 명령했다. 잠시 후 필라가 모습을 드러내자, 릴라가 말했다.

"친구여, 나를 알아보지 못하겠느냐?"

필라는 대답했다.

"누구신지요? 저는 당신을 모릅니다."

그러자 릴라가 말했다.

"내 눈을 뽑은 것이 바로 너 아니더냐?"

그 말을 들은 필라는 두려움에 떨며 말했다.

"그러면 이제 네가 내 눈을 뽑겠구나."

릴라는 병사들에게 명령했다.

"그를 데려가서 눈을 뽑고 길가에 버려라."

병사들은 필라를 데리고 나가 눈을 뽑았다. 그리고 삼일이 지난 후 필라는 죽은 채 발견되었다. 그날 이후, 두 사람이 합의하지 못하거나 두 물건이 어울리지 않을 때 우리는 "릴라와 필라 같다"고 말하곤 한다.

사냥꾼과 큰 뱀의 이야기

오래전 어느 날, 활과 화살을 든 사냥꾼 몇 명이 개들을 데리고 숲으로 사냥을 나갔다. 사냥꾼들은 사냥감을 찾기 위해 매우 멀리까지 걸어갔고, 운 좋게도 동물 몇 마리를 잡았다. 그런데 갑자기 폭우가 쏟아지기 시작했다. 그래서 그들은 비가 그칠 때까지 앉아서 피할 수 있는 곳을 찾았고, 다행히 아주 큰 나무를 발견했다. 그 나무에는 커다란 구멍이 나 있었는데, 사냥꾼과 개들은 그 나무 구멍으로 들어가 무사히 비를 피할 수 있었다.

사실 그 나무의 구멍은 사냥감을 찾기 위해 잠시 외출했던 큰 뱀의 집이었다. 그날따라 뱀은 아무것도 잡지 못했고, 배고프고 화가 난 채 집으로 돌아오던 중이었다. 뱀이 집 근처에 다가가자, 집 안에서 사람들의 목소리가 들렸다. 뱀은 매우 놀라 중얼거렸다.

"내 집에서 누가 말하고 있는 거지?"

당황한 뱀은 목소리를 가다듬고 큰 소리로 외쳤다.

"내 집에서 누가 말하고 있는 게냐?"

집 안에 있던 사람들은 놀라 서로 두리번거렸다.

"누가 밖에서 말하고 있는 거지?"

그들이 밖을 내다보며 대답하기도 전에, 뱀은 입구에 도착해 길을 막고는 다시 큰 소리로 말했다.

"너희는 누군데, 내 집에 들어와 앉아 있느냐? 이 집은 온전한 나의 것이다. 빨리 대답하지 못할까? 도대체 왜 여기 들어와 있는 것이냐?"

사냥꾼들은 대답했다.

"선생님, 우리는 마을에서 사냥을 나온 자들입니다. 멀리까지 갔지만 작은 동물 몇 마리밖에 못 잡았고 갑자기 폭우가 쏟아져서 비를 피하려고 여기 들어왔습니다. 저희는 이 집이 당신의 집인 줄 꿈에도 몰랐습니다. 뭐라 드릴 말씀이 없습니다. 길을 비켜주신다면 즉시 이곳에서 나와 제 갈 길을 가겠습니다."

이 말을 들은 뱀이 말했다.

"너희는 나갈 수 없다."

뱀의 말에 사냥꾼들이 물었다.

"그럼, 우리가 무엇을 하기를 원하시는지요?"

"잡은 사냥감을 즉시 개들에게 먹여 개들을 살찌우거라. 그다음 너희들이 그 개를 먹어 살을 찌우고. 그러면 내가 너희들을 배불리 먹을 것이다."

뱀의 대답을 들은 사냥꾼들이 말했다.

"저희가 저희의 개를 어찌 잡아먹을 수 있겠습니까? 만약 이 집이 정말로 당신의 집이라면, 저희가 당신에게 먹힌다 해도 어쩔 도리가 없겠지요. 어쨌든, 이는 알라의 뜻입니다."

사냥꾼들이 뱀과 이야기하고 있을 때, 코끼리 코를 가진 코끼리땃쥐가 숲에서 나와 그들의 말을 듣고 뱀의 집 근처로 다가갔다. 쥐가 사람들에게 물었다.

"이 뱀이 무슨 말을 하는 거죠?"

"뱀이 문가에 서서 우리를 못 나가게 막고 있소. 우리에게 사냥감을 개들에게 주라고 하고, 그다음에 개들을 먹으라고 합니다. 그러면 마지막에 우리를 잡아먹을 거라고요. 이게 모두 우리가 비를 피하려고 여기 들어와 생긴 일이오."

사냥꾼들의 말을 들은 코끼리땃쥐가 말했다.

"뱀이 시키는 대로 하세요. 뱀이 당신들을 잡아먹고 살이 오동통하게 찌면 내가 뱀을 잡아 먹어버릴 테니."

쥐의 말을 들은 뱀은 매우 화가 나서 쥐를 쫓아갔고, 쥐는 덤불 속으로 도망쳤다. 뱀은 매우 멀리까지 쥐를 쫓아갔지만 결국 잡지 못했다.

그동안 사냥꾼들은 그 구멍에서 나와 재빨리 마을로 돌아갔다. 사냥꾼들이 모두 도망가 버렸다는 것을 안 뱀은 크게 실망했다.

구부러진 팔의 알리

오래전 한 나라가 있었다. 그 나라의 술탄은 일곱 명의 아내를 두었으며, 와지르 역시 일곱 명의 아내를 두었다. 술탄의 일곱 아내는 일곱 자녀를 낳았고, 와지르의 일곱 아내 또한 일곱 자녀를 낳았는데, 모두 남자아이들이었다. 그런데, 술탄의 일곱 번째 아들은 눈이 한쪽뿐이었다. 와지르의 일곱 번째 아들, 알리는 놀랍도록 아름다운 외모를 가졌지만 불행히도 한쪽 팔이 구부러져 있었다. 시간이 흘러 이 열네 명의 아이들은 모두 장성하였는데, 이는 모두 알라께서 도우신 덕택이었다.

술탄의 일곱 번째 아들은 항상 와지르의 일곱 번째 아들 알리와 함께였다.

어느 날, 와지르의 일곱 번째 아들이 아버지에게 말했다.

"아버지, 저에게 흰말을 사주십시오."

술탄의 일곱 번째 아들도 아버지에게 말했다.

"아버지, 저에게 흰말을 사주십시오."

그렇게 각자는 아름답게 치장된 흰말을 손에 넣었다.

그러던 어느 날, 술탄의 전갈이 사람들에게 전해졌다.

"금요일에 술탄의 궁전에서 모임이 있다. 모두 말을 타고 오라. 술탄의 막내아들과 와지르의 막내아들이 경주를 벌일 것이다."

사람들은 모두 말을 타고 술탄의 궁전에 도착했다. 경주가 시작되자, 술탄의 아들과 와지르의 아들은 서로 먼저 출발하겠다고 아우성쳤다. 이를 본 형들은 말했다.

"그렇게 서로 경쟁하지 말거라."

결국 술탄의 아들이 먼저 출발했고, 와지르의 아들이 그 뒤를 따랐다. 그다음 모든 사람이 말에 타고 그들을 뒤따랐다. 하지만, 와지르의 아들과 술탄 아들의 말은 연처럼 하늘 높이 날아올라 아무도 그들을 앞설 수 없었다. 한나절이 지나고 경주에 참여했던 사람은 모두 무사히 돌아왔다.

다음 날 알리가 술탄의 아들에게 말했다.

"농장으로 가서 그곳 정원에서 네 시까지 머물다가 그다음에 둘이서 말을 타고 경주하는 게 어때?"

점심 무렵, 그들은 농장으로 갔고 정원으로 들어가 석류를 따서 먹었다. 그때, 술탄의 아들이 말했다.

"각자 석류를 하나씩 따서 주머니에 넣자."

그들은 각각 석류를 하나씩 땄다. 하지만 알리가 딴 석류 안에는 매년 아이를 한 명씩 잡아가는 '제한'이라는 악한 진이 깃들어 있었다. 알리는 그 사실을 알 턱이 없었다.

시간이 되자, 그들은 궁전으로 돌아왔다. 이미 말들은

모두 경주 준비를 다 마친 상태였다. 그들은 바로 말에 올라탔다. 알리가 말을 채찍으로 때리자, 말이 구름을 넘어 연처럼 날아올랐다. 술탄의 말도 알리를 따라 뛰어올랐다. 술탄의 아들은 계속해서 알리를 뒤쫓았다. 하지만 곧 저녁 무렵이 되었고 그의 눈앞에 알리의 모습은 더 이상 보이지 않았다. 술탄의 아들은 홀로 쓸쓸히 궁전으로 돌아왔다.

한편, 알리는 말을 타고 날아갔다가 진의 집에 이르렀다. 길을 잃은 알리는 탄식했지만, 사실 이 모든 것은 석류 안의 진이 꾸민 짓이었다. 진이 알리에게 말했다.

"네 말을 여기 묶어 놓아라."

다음날, 그는 알리에게 말했다.

"알리, 이 큰 솥이 보이느냐? 솥 아래 불을 지피는 것이 네 일이다."

세 번째 날, 진은 집의 열쇠 일곱 개를 모두 알리의 손에 쥐여 주며 말했다.

"네가 열 수 있는 방은 이 방 하나뿐이다. 나머지 여섯 개의 방은 절대 열지 말거라."

그러고 나서 진은 나갈 채비를 했다.

"오늘은 나가서 산책하고 내일 돌아올 것이다. 이 솥을 잘 지키거라. 하지만 절대 뚜껑을 열어 안을 보아서는 안 될 것이야."

진이 떠나자 호기심에 가득 찬 알리는 솥의 뚜껑을 살짝 열어 안을 들여다보았다. 거기에는 인간의 고기가 끓고 있었다.

'아! 이 악령은 인간 고기를 먹는구나. 나도 곧 먹히겠지. 어찌 됐든 그것은 신이 원하시는 것일 거야.'

그렇게 생각하며 알리는 손에 든 칼을 만지작거렸고,

그러다 그만 손가락을 베고 말았다.

다음날 저녁이 되자 진이 돌아왔다.

“잘 있었느냐, 알리!”

“오셨습니까, 진이시여.”

알리에게 다가온 진이 알리의 손가락을 보고 크게 화를 냈다.

“이런, 네 손가락에 무슨 짓을 한 것이냐?”

알리가 말했다.

“진이시여, 왜 이렇게 심하게 화를 내시나요? 그리 말씀하시니 무섭습니다.”

그러자 진이 말했다.

“묶인 것을 풀어 손가락을 나에게 보여다오.”

진이 다친 손가락을 만지자, 상처는 씻은 듯이 나았다.

다음 날 아침, 진이 알리를 불렀다.

“알리, 나는 오늘 외출하여 14일 후에 돌아올 것이다.”

진이 떠나자 알리는 앉아서 무엇을 할지 궁리하며 중얼거렸다.

“진께서는 한 개의 방을 제외한 나머지 방, 여섯 개를 절대 열지 말라고 했지. 그런데 안 되겠다. 오늘은 방문을 열어보고 안에 무엇이 있는지 보아야겠어.”

그렇게 알리는 첫 번째 방문을 열었다. 그곳에는 거대

한 말이 있었는데 그 모습이 놀랍도록 아름다웠다. 말은 알리를 보고 히힝 울며 말했다.

"네 계획은 무엇인가? 진께서는 네게 작별 인사를 하며 14일 후에 돌아오겠다고 말했지만, 이는 너를 속이기 위한 것이다. 그는 여덟 번째 날에 돌아와 너를 잡아먹을 것이다."

이렇게 말한 말은 덧붙였다.

"나머지 방의 문을 모두 열고 나서 여기로 돌아와라. 그럼 내가 너에게 좋은 방법을 알려줄 테니."

알리는 두 번째 방으로 갔다. 방문을 열고 들어가니, 그곳에는 코란을 읽고 있는 일곱 명의 여인이 있었다. 그들의 머리는 길고 매우 아름다웠다. 알리가 물었다.

"어떻게 된 일인가?"

"우리는 각자 부모님과 헤어져 수년간 이곳에 갇혀 있습니다. 당신이 잡아먹힐 때, 저희도 함께 잡아먹힐 거예요."

여인들의 말을 들은 알리는 잠시 방을 잠그고는 세 번째 방으로 가서 문을 열었다. 그곳에는 아름다운 보석으로 장식된 칼들이 저절로 움직이며 공중에서 칼싸움을 벌이고 있었다. 그 광경을 본 알리는 매우 놀라 방문을 다시 잠갔다. 이제 열지 않은 방은 세 개뿐이었다. 알리는 차례로 나머지 방들의 문을 열었다.

네 번째 방은 바닥부터 천장까지 귀중한 보석으로 가득 차 있었고, 다섯 번째 방은 곡물들로 가득했는데, 이는 말의 먹이가 될 터였다. 마지막 여섯 번째 방에는 보석으로 장식된 말의 안장과 재갈 그리고 그 옆에는 일곱 개의 병이 나란히 놓여있었다. 그리고 그 병 속에는 차례로 태양, 비, 바늘, 우박, 가시, 진흙, 바다가 가득 차 있었다.

여섯 개의 방을 모두 열어 본 알리는 말이 있던 첫 번째 방으로 돌아갔다. 말은 알리를 보자 히힝 울며, 머리를 흔들었다.

"이 집 안에 있는 우리는 이미 죽은 것이나 다름없다. 우리는 모두 같은 운명을 맞을 것이다. 곡물 창고의 문을 빨리 열어라. 진이 돌아오기 전에 어서 먹어 치워야 한다. 시간이 얼마 남지 않았다."

말의 말을 들은 알리는 다섯 번째 방으로 가서 곡식 자루를 하나 가져왔다. 순식간에 자루 하나를 먹어 치운 말이 말했다.

"두 번째 자루를 가져오라. 아직 배가 고프구나."

알리는 두 번째 자루를 가져왔다. 말은 이번에도 순식간에 자루 하나를 먹어 치웠다.

"세 번째 자루를 가져오라. 아직 배가 고프구나."

알리는 세 번째 자루를 가져왔다. 말은 세 번째 자루를 모두 비운 후 말했다.

"목이 마르는구나. 물 한 통을 가져와 거기에 설탕을 조금 넣어다오. 그리고 또 다른 물 한 통에는 마를 조금 섞어 가져다오."

순식간에 물 두 통을 비운 말이 말했다.

"이제 배가 좀 차는구나. 이제 안장과 일곱 개의 병을 가져와라. 그리고 자루에 보석들을 채워서 매달아라. 지체할 시간이 없다."

알리는 집 안에 있는 귀중한 것들을 모두 자루에 넣었다. 일곱 명의 여인도 자루에 담겼다. 자루를 가득 채운 알리는 안장을 말에 얹고 거기에 자루를 매달았다. 그러자 말이 말했다.

"단단히 묶어라, 모든 힘을 다해."

알리는 그가 할 수 있는 한 자루를 단단히 매달았다.

"이제 그만해도 좋다. 이제 나에게 올라타라. 연습해보자."

알리가 말에 올라타 신호를 보내자, 말은 구름 위로 날아올랐다. 한 바퀴를 돌고 돌아온 말은 허기가 졌다.

"이제 다른 곡식 자루를 가져와라. 또 배가 고프구나."

알리는 곡식 자루를 말에게 가져다주었다.

"가는 길에 배고프지 않도록 한 자루 더 챙겨가자."

말이 이야기한 대로 알리가 곡식 자루를 챙겨 안장에 묶자, 말이 말했다.

"쇠막대기를 가져다가 저기 집 바닥을 파보아라."

말이 가리킨 곳을 파보니 그곳에는 훨씬 더 값비싼 보석들이 숨겨져 있었다. 알리는 그 보석을 모두 자루에 넣고 안장에 단단히 묶었다. 모든 채비를 마친 말이 말했다.

"알리야, 올라타라. 이제 출발할 때다. 출발 전에 당부해 둘 것이 있다. 가는 길에 큰 싸움을 치르게 될 것이니, 그때는 내 말을 잘 듣고 그대로 행하거라."

알리가 올라타자, 말은 구름 위로 높이 날아올랐다. 얼마 지나지 않아 그들은 진과 진이 데려온 악령들을 만났다. 진은 알리와 일곱 여인을 잡아 성대한 잔치를 열 참이었다. 악령 중 한 명은 고기를 자를 도끼를 들고 있었고, 다른 악령들은 불쏘시개와 냄비, 고기를 삶을 물을 들고 있었다. 악령들은 그들을 보자 소리쳤다.

"봐라, 우리 고기가 사라지고 있다."

그 말을 들은 말이 알리에게 말했다.

"태양의 병을 가져다가 깨라."

알리가 병을 깨자, 태양의 빛이 악령들에게 쏟아져 그들의 일부를 태웠다.

"우리 고기가 도망가고 있다. 우리 고기가 도망가고 있다."

악령들은 이렇게 외치며 계속해서 알리를 쫓아왔다. 그들이 가까이 추격해 오자 말이 말했다.

"비의 병을 깨라."

알리가 병을 깨자 비가 쏟아졌지만, 그들의 추격을 멈추기에는 역부족이었다.

알리가 주변을 둘러보며 말했다.

"그들이 오고 있습니다."

그러자 말이 말했다.

"바늘의 병을 깨라."

알리가 병을 깨뜨리자, 바늘에 발을 찔린 악령들은 머뭇거렸다. 하지만, 운 좋게도 바늘을 피한 악령들은 여전히 알리 일행을 추격하며 외쳤다.

"이쪽이다! 이쪽이다! 우리의 고기가 도망가고 있다."

"우박의 병을 깨뜨려라."

말이 이야기하자 알리는 우박의 병을 던졌다. 병이 깨지자, 우박이 쏟아져 많은 악령을 쓰러뜨렸다. 하지만, 그들은 곧 다시 일어나 추격을 계속했다.

"가시의 병을 깨라."

이번에는 가시의 병 차례였다. 알리가 병을 깨자, 가시가 쏟아져 나왔고 가시가 발에 박힌 악령들은 추격을 멈출 수밖에 없었다. 하지만 가시를 피한 악령들은 여전히 그들을 따라왔다.

"저기 악령들이 옵니다."

알리가 외치자, 말이 말했다.

"진흙의 병을 깨라."

알리는 병을 깼다. 하지만 악령들은 잠시 진흙 속에서 미끄러지고 넘어질 뿐 여전히 그들을 추격했다. 마지막으로 말이 말했다.

"바다의 병을 깨라."

알리가 병을 깨자, 악령들은 바다에 빠졌다. 대부분은 바다에 빠져 죽었고, 남은 악령들은 바다를 건너지 못하고 추격을 포기했다. 이를 본 말은 바다의 반대편 기슭으로 날아갔다.

"이제 안전하게 건넜으니 여기서 쉬자. 그리고 곡식 자루를 꺼내 주어라. 무척 배가 고프구나."

알리는 말에게 곡식 자루를 꺼내 주었고, 말은 허기를 채우기 시작했다. 하지만 너무 피곤한 나머지 자루 하나를 다 비우지는 못했다. 배를 채운 말이 알리에게 말했다.

"네 마을에 다다르면, 잠시 길 중간에 멈춰 서다오. 내가 너에게 할 말이 있다."

"그렇게 하지요."

그 후 그들은 여행의 끝자락에 다다를 때까지 계속 걸었다. 그렇게 한참을 걷던 알리가 길 중간에 멈춰 섰다. 말은 곧 마을에 도착한다는 것을 눈치채고 알리에게 말했다.

"지금부터 내가 하는 이야기를 마음속에 깊이 새겨두어야 한다. 우선 집으로 돌아가면 일주일 동안 누구와도 말하지 말거라. 무엇인가를 하고 싶다면 먼저 나에게 물어보아라. 그러면 내가 그 일을 할지 말지 조언해 주겠다. 아내를 맞이하는 일은 물론이고 밖으로 나가는 일조차도 먼저 나에게 물어보아라. 큰일이든, 작은 일이든, 너에게 일어나는 모든 일을 알아야겠다. 만약 나에게 말하지 않고 밖으로 나가면, 제한의 진이 너를 다시 데려갈 것이며 너는 영원히 집으로 돌아오지 못할 것이다."

"잘 알겠습니다. 명심하겠습니다."

알리는 대답했다. 그리고 그들은 길을 계속 걸어갔다.

오후 무렵, 마을 사람들은 저 멀리서 마을로 다가오는 먼지구름을 보았다.

와지르는 지붕 위에 올라가 늘 그랬듯 알리가 사라진 쪽을 바라보고 있던 참이었다. 막내아들을 잃은 슬픔에,

머리를 자르지 않아 얼굴은 머리카락으로 뒤덮였고 앞을 제대로 볼 수 없을 정도로 매일매일을 눈물로 보낸 그였다.

그때, 마을 사람들은 놀랍도록 큰 말이 독수리처럼 날아오르는 것을 보았다.

그렇게 알리는 마을로 들어왔지만, 누구와도 말하지 않았다. 그가 떠난 날부터 활짝 열려 있던 집 문으로 들어간 알리는 그 누구와도 말하지 않았다. 하지만 사람들은 알리의 귀환에 크게 기뻐했다.

한편, 알리는 진의 저주가 두려워 7일 동안 아무 말도 하지 않고 물도 마시지 않았으며 목욕도 하지 않고 집 안에 머물렀다. 배가 고프면 말이 음식을 가져다주었고, 목이 마르면 말이 물을 가져다주었다. 이윽고 여덟 번째 날이 되자 와지르와 술탄의 궁전에서 큰 축제가 열렸다. 죽었다고 생각한 알리가 살아 돌아왔다는 사실에 온 마을 사람들은 모두 기뻐했다. 이후로도 알리는 말이 한 조언을 충실하게 따랐다. 무엇인가를 하고 싶을 때는 먼저 말에게 물어보았고, 밖으로 나가고 싶을 때도 먼저 말과 상의했다. 열 번째 날이 되자 알리는 진의 집에서 가져온 금은보화들을 모두 집안으로 가져왔다. 그것들은 아흔아홉 개의 창고를 가득 채울 만큼 많았다.

아내를 원치 않았던 알리는 결혼하지 않았다. 그가 진의 집에서 데려온 일곱 여인도 결혼하지 않았다. 알리는 밤낮으로 코란을 읽으며 지내는 이들에게 일곱 층으로 된 집을 지어주었다.

배고픈 자에게 먹을 것을 주다

오래전 어느 날, 한 남자가 도끼를 들고 꿀을 찾으러 숲으로 들어갔다. 얼마 지나지 않아 그는 나무 속 벌집을 발견했고, 꿀을 얻기 위해 나무에 기어 올라가 나무에 구멍을 내기 시작했다.

꿀을 찾느라 열중인 남자 곁으로 한 사냥꾼이 다가왔다. 그는 사냥감을 찾고 있었지만, 아무것도 찾지 못한 참이었다. 사냥꾼이 나무 위에 있는 남자를 보고 물었다.

"무엇을 자르고 있나요?"

나무 위의 남자가 대답했다.

"꿀을 찾고 있어요. 원하시면 거기 앉아서 기다리세요."

사냥꾼은 앉아서 꿀을 기다렸다. 잠시 후 버팔로가 다가와 나무 위 남자를 보고 물었다.

"무엇을 하고 있나요?"

나무 위의 남자가 대답했다.

"꿀을 찾고 있어요. 원하시면 사냥꾼 옆에 앉아서 기다리세요."

버팔로는 사냥꾼 옆에 앉아서 꿀을 기다렸다. 잠시 후 사자가 다가와 나무 위 남자에게 무엇을 하고 있는지 물었다. 남자는 사자에게 역시 꿀을 원하면 버팔로 옆에 앉아서 기다리라고 말했다. 잠시 후 일랜드가 다가와 나무 위 남자에게 무엇을 하고 있는지 물었다. 나무 위의 남자가 대답했다.

"꿀을 찾고 있어요. 원하시면 사자 옆에 앉아서 기다리세요."

일랜드는 사자 옆에 앉았다. 잠시 후 표범이 다가왔고, 나무 위 남자는 표범에게 역시 꿀을 원하면 일랜드 옆에 앉아서 기다리라고 말했다. 잠시 후 부시벅이 다가왔고, 그다음에는 제넷이 다가왔다. 나무 위 남자는 부시벅에게는 표범 옆에, 제넷에게는 부시벅 옆에 앉아서 꿀을 기다리라고 말했다. 마지막으로 뿔닭이 다가와 나무 위 남자에게 무엇을 하고 있는지 물었다. 나무 위의 남자가 대답했다.

"꿀을 찾고 있어요. 원하시면 제넷 옆에 앉아서 기다리세요."

나무 위 남자는 나무를 계속 베어내다가 마침내 구멍을 내는 데 성공했다. 하지만 벌집 속에는 꿀이 하나도 없었다. 밑에 앉아 있던 사냥꾼과 동물들은 물었다.

"언제 우리에게 꿀을 주실 건가요?"

나무 위 남자가 말했다.

"안타깝게도 벌집에 꿀이 없네요. 하지만, 당신들이 굶을 필요는 없죠. 제 말을 잘 알아들었길 바랍니다."

그 말을 들은 사냥꾼은 돌아서서 버팔로를 죽였고, 사자는 일랜드를 잡았고, 표범은 부시벅을, 제넷은 뿔닭을 잡았다. 그들은 매우 기뻐하며 나무 위 남자에게 말했다.

"당신은 매우 현명한 분이시군요."

샤니와 타박

오래전 어느 날, 한 남자가 그의 부모에게 말했다.

"저는 저만큼이나 지혜로운 여자를 찾아 결혼하고 싶어요. 그러한 여자를 찾아오겠습니다."

그 남자는 그렇게 길을 나섰다. 마을을 벗어난 지 얼마 되지 않았을 때, 그는 길을 가던 한 남자를 만났다. 사실 이 남자는 그가 가려는 마을의 왈리였지만, 그는 그 사실을 알 턱이 없었다. 왈리가 그에게 말했다.

"잠시만 기다려 주시오. 우리가 마침 같은 길을 가니 함께 가는 것이 어떻겠소?"

남자는 동의했고, 두 사람은 함께 길을 걷기 시작했다. 20보 정도 걸었을까? 갑자기 남자가 왈리에게 물었다.

"당신이 나를 들어주실까요, 아니면 제가 당신을 들어드릴까요?"

'왜 그가 나를 들어주거나 내가 그를 들어주어야 하지? 각자 멀쩡히 다리가 있는데 말야.'

이렇게 생각한 왈리는 아무런 대답을 하지 않았다.

그들은 조금 더 걸어가다가 어떤 밭에 도착했다. 그때 남자가 또 왈리에게 물었다.

"저 곡식은 이미 수확했나요, 아니면 아직 안 했나요?"

줄기에 이삭이 달린 곡식을 본 왈리는 생각했다.

'이 사람은 분명히 바보이거나 눈이 먼 거야. 저기에 저렇게 잘 자라고 있는데 수확했는지 묻는 게 말이 되나?'

이번에도 왈리는 아무런 대답을 하지 않았다.

그들이 마을 가까이에 이르렀을 때, 묘지로 가는 장례 행렬을 만났다. 남자가 왈리에게 물었다.

"저 관에 있는 사람은 죽었나요, 아니면 아직 살아 있나요?"

'점점 더 바보가 되어 가고 있는 게 틀림없어.'

이렇게 생각한 왈리는 이번에도 역시 아무런 대답을 하지 않았다.

그들은 마침내 마을에 도착했다. 왈리는 자기 집으로 갔고, 마땅히 머물 곳이 없었던 남자는 모스크로 향했다.

집에 도착한 왈리는 잠시 쉬다가 아내에게 말했다.

"길을 가다 어떤 낯선 사람을 만나 마을까지 함께 왔는데, 그 사람은 정말 바보였지 뭐요. 지혜라고는 전혀 찾아볼 수가 없는 자였소. 여기 오는 동안에도 점점 더 어리석어지는 것이 눈에 보일 정도였소."

그러고는 남자가 했던 말을 아내에게 전했다. 그 자리에 함께 있었던 왈리의 딸은 남자의 말을 전해 듣고는 아버지에게 말했다.

"아버지, 그 사람을 두고 온 것은 실수입니다. 그를 여기 데려와야 했습니다. 그는 매우 지혜로운 사람입니다."

딸의 말을 들은 왈리가 말했다.

"얘야, 그런 말을 한 그자는 미친 사람이나 어리석은 자임이 분명한데, 도대체 왜 그렇게 생각하는 것이냐?"

딸이 말했다.

"제 말을 들어보세요, 아버지. 제가 그의 말을 처음부터 끝까지 설명해 드리겠습니다."

딸은 설명하기 시작했다.

"그가 아버지께 처음 한 말은 '당신이 나를 들어주실까요, 아니면 제가 당신을 들어드릴까요?'였지요? 사실 이 말은 '당신이 나에게 이야기해 주실까요, 아니면 내가 당신에게 이야기해 드릴까요?'라는 의미입니다. 재미있는 이야기를 하다 보면 이야기에 현혹되어 여정이 얼마나 길고 힘든지를 알아채지 못하게 되기 때문입니다. 그의 다음 말은 '저 곡식은 이미 수확했나요, 아니면 아직 안 했나요?'였지요? 이 질문은 '저 곡식의 주인이 돈을 빌리지 않고 곡식을 키웠나요?'라는 의미입니다. 만약 돈을 빌려서 곡식을 키웠다면, 분명히 이미 수확했을 것입니다. 빌린 돈을 얼른 갚아야 하기 때문이죠. 그의 마지막 말은 '저 관에 있는 사람은 죽었나요, 아니면 아직 살아 있나요?'였습니다. 이 질문은 '그 사람에게 자녀가 있나요?'라는 의미입니다. 자녀를 남겼다면 그는 죽었어도 살아 있는 것이나 마찬가지이지요. 그의 이름이 자식 이름에 여전히 남아 있기 때문입니다. 자녀가 없다면 그자는 죽은 것이고, 그의 이름 또한 죽은 것입니다. 아버지, 그분을 혼자 모스크로 보내지 마셔야 했어요."

딸의 설명을 듣고도 아버지 왈리는 믿을 수 없었다.

"아니야, 그는 단지 바보일 뿐이고, 그의 말은 아무 의미가 없어."

그러자 딸이 그에게 말했다.

"기다려보세요. 제가 제 말이 진실임을 보여드리겠습니다. 그 사람은 매우 지혜로운 사람이 분명해요."

말을 끝낸 그녀는 뿔닭 요리를 준비하기 시작했다. 크고 둥근 빵을 가져왔고, 항아리 속 닭고기에는 잘게 썬 달걀을 얹고, 항아리가 가득 차도록 달콤한 우유를 부었다. 그리고 그것을 노예 소녀에게 주고 말했다.

"이것을 가져다가 모스크에 있는 낯선 사람에게 가져다주어라. 그리고 '나의 주인님께서 당신에게 인사를 전하시면서, 달이 가득 찼고 조수가 가장 높으며 하늘에 별이 많다고 전하셔요.'라고 말하거라."

노예 소녀는 모스크로 가서 남자를 찾아 말을 전했다. 그는 음식을 맛있게 먹은 후 접시를 소녀에게 돌려주며 말했다.

"네 주인에게 안부를 전하면서, 오늘이 음력 13일이며 조수는 가장 낮고 하늘에 별이 하나씩만 있다고 전하라."

노예 소녀는 집으로 돌아와 왈리의 딸에게 남자의 말을 전했다.

그러자 딸이 아버지에게 말했다.

"이 노예 소녀가 도둑질을 했습니다. 빵의 한 조각을 떼어내고, 달걀을 몇 조각 가져갔으며, 우유를 조금 마셨습니다."

다음 날 왈리의 딸은 이전과 같은 뿔닭 요리를 준비하고는 다른 노예 소녀를 보내 남자에게 음식을 전해 주고 같은 메시지를 전했다. 남자의 대답은 전날과 같았다.

남자의 말을 전해 들은 딸은 아버지에게 말했다.

"이 노예 소녀도 첫 번째 노예 소녀처럼 음식을 훔쳤습니다."

세 번째 날도 왈리의 딸은 이전과 같은 음식을 남자에게 보냈다. 이번에는 또 다른 노예 소녀에게 일을 부탁했다. 소녀가 전한 남자의 말은 이전과는 달랐다.

"오늘은 달이 가득 찼고 조수가 가장 높으며 하늘에 별이 많다."

이 말을 전해 들은 왈리의 딸이 아버지에게 말했다.

“이 자는 음식을 훔치지 않았습니다.”

아버지가 물었다.

“어떻게 알았니, 내 딸아?”

그녀는 대답했다.

“달이 꽉 찼다는 의미는 크고 둥근 빵이 온전했다는 뜻입니다. 남자가 오늘이 13일이라고 대답했을 때, 빵의 한 조각이 사라졌다는 것을 알았고, 이는 음력 13일 밤의 달과 같았기 때문입니다. 하늘에 많은 별이 있다는 것은 그릇이 잘게 자른 달걀로 덮여 있었다는 뜻입니다. 그가 하늘에 별이 하나씩만 있다고 말했을 때, 달걀 일부가 없어졌다는 걸 알았어요. 하지만 그가 별이 많다고 말했을 때는 음식이 달걀로 완전히 덮여 있어서 아래의 닭고기가 온전하다는 것을 알았지요. 또한 조수가 가장 높다는 것은 항아리가 우유로 가득 차 있다는 의미였습니다. 그가 조수가 낮다고 이야기했다는 것은 우유가 일부 사라졌다는 뜻이었지요. 보시다시피, 아버지, 그자는 매우 지혜로운 사람입니다.”

딸의 말을 들은 왈리는 그 남자의 말을 이해하지 못해 그를 집으로 초대하지 않았다는 사실이 매우 후회스러웠다. 그래서 곧바로 모스크로 가서 남자를 찾아냈고, 그를 집으로 데려와 음식을 주고 용서를 구하며 말했다.

"처음에는 당신의 말을 이해하지 못했지만, 이제 그 의미를 알게 되었소."

남자가 왈리에게 말했다.

"어떻게 알게 되었나요?"

왈리는 대답했다.

"집에 오는 동안, 나는 아마 긴 여정과 태양의 열기로 매우 고단했던 것 같소. 집에 와서 좀 쉬고 시원한 바람을 쐬니 이해하게 되었다오."

남자는 왈리가 정말로 이해했는지 궁금했다.

"그럼, 제 말의 의미를 말해 주시겠습니까?"

왈리는 딸이 설명했던 대로 남자가 했던 말들의 의미가 무엇이었는지를 이야기했다. 남자는 왈리가 스스로 이를 깨우친 것이 아니라는 사실을 눈치챘다.

"솔직하게 말해주십시오. 내 말의 의미를 알려준 사람은 누구였나요?"

남자의 끈질긴 추궁 끝에 결국 왈리는 실토했다.

"내 딸이 알려주었습니다."

그러자 남자가 말했다.

"바로 그 여인이 제가 바라던 사람입니다. 저는 오랫동안 당신의 딸과 같은 사람을 찾아다녔습니다. 이제 이렇게 찾았으니, 그녀와 결혼하게 해 주십시오. 당신이 원하는 것은 모두 드리겠습니다. 당신의 딸을 아내로 맞이하지 못한다면 저는 죽은 목숨이나 다름없습니다."

왈리가 말했다.

"딸의 의견을 들어야겠소."

남자는 왈리에게 부탁했다.

"좋습니다. 가서 따님과 상의하십시오. 하지만 그녀가 말하는 것을 숨김없이 저에게 알려주십시오."

왈리는 딸에게 가서 남자와 있었던 일을 처음부터 끝까지 말해주고는 딸의 의견을 물었다.

"이제 딸아, 모든 것은 네게 달려 있다."

딸은 대답했다.

"저도 그런 남편을 얻지 못한다면, 죽을 때까지 다른 누구와도 결혼하지 못할 거예요. 그런 남편이 아니라면 저에게 도움이 될 만한 것이 아무것도 없을 테니까요. 그러면 여자끼리 결혼하는 것과 무엇이 다르겠어요?"

왈리는 딸의 대답을 남자에게 전했다. 소원을 이룬 남자는 크게 기뻐했다. 결국 왈리는 자기 딸을 남자와 결혼시켰다.

이는 바로 '샤니'라고 불리는 남자와 왈리의 딸 '타박'의 이야기이다. 만일 누군가가 샤니와 타박에 관해 이야기한다면, 이는 샤니가 타박을 얻은 것처럼 누군가가 자신이 열망하는 것을 얻었다는 것을 의미한다. 만일 두 사람에게 샤니와 타박의 이름을 붙인다면, 샤니가 타박에게 그랬던 것처럼 두 사람이 서로 완벽하게 어울린다는 것을 의미한다.

한 남자와 그의 장모

오래전 한 남자가 있었다. 그는 한 소녀와 결혼하여 그녀의 마을에서 함께 살기 시작했다.

어느 날 그 소녀의 어머니가 그에게 와서 말했다.

"사위, 나를 위해 한 가지 일을 해 줄 수 있겠나? 내 옥수수가 바람에 부서져 흩날리고 있네. 나가서 바람을 쫓아내어 내 옥수수가 부서지지 않도록 해 주게나."

사위는 밭으로 나가 하루 종일 바람을 쫓아내려고 노력했다. 하지만 그는 바람을 쫓아내기는커녕 꼼짝도 할 수 없었다. 저녁이 되어 집에 돌아온 그의 마음은 편치 않았다.

"내 장모님은 정말 나쁜 사람이야. 누가 바람을 쫓아내려고 하겠어? 불가능한 일이지. 나도 장모님이 할 수 없는 일을 찾아서 부탁해야겠다. 내 마음만 불편할 수는 없지."

그래서 그는 숲으로 나가 동물 한 마리를 잡아다가 마을로 가져왔다. 그다음 아내를 불러 말했다.

"이 고기를 가져가서 장모님께 드리고, 고기를 모두 요리해 잡수시라고 전해 주겠소? 고깃국물은 빼고 말이요. 내가 곧 갈 터이니 국물은 깔개 위에 펼쳐 준비해 주셨으면 좋겠소."

아내는 고기를 어머니에게 전달하며 남편의 말을 전했다. 어머니는 사위가 부탁한 대로 고기를 요리해 먹고 육수를 남겨두었다. 그리고 그 육수를 가져다가 깔개에 폈다. 하지만 육수는 모두 흘러내려 흔적도 없이 사라졌다. 아내는 남편에게 이 사실을 알렸다.

"육수가 펴지지 않아요. 어머니가 당신을 위해 깔개 위에 펴려고 했지만 모두 흘러내려 버렸어요."

그 말을 들은 남편이 말했다.

"당신 어머니는 정말 나쁜 사람이오. 한 번은 나에게 옥수수밭의 바람을 쫓아내라고 하신 적이 있었지. 밭에 가서 하루 종일 바람을 쫓으려 했지만 불가능했소. 그래서 나도 장모님이 하지 못하는 일을 부탁하려고 했던 거요. 그것이 바로 국물을 깔개 위에 펴는 일이었소. 나는 이미 장모님이 실패할 것을 알고 있었지. 내가 실패한 것처럼 말이요."

자칼, 토끼 그리고 수탉

오래전 매우 교활한 토끼가 있었다. 하루는 토끼가 자칼에게 가서 말했다.

"자칼아, 너와 친구가 되고 싶구나. 우리가 친구가 되면 함께 다니며 모든 일을 함께할 거야. 내가 하는 일은 너도 하고, 네가 하는 일은 나도 하고. 그렇게 말이야."

자칼은 토끼의 말을 듣고 매우 기뻤다.

'토끼를 형제로 삼는 것은 정말 좋을 거야. 그는 매우 영리하니까.'

그래서 자칼과 토끼는 친구가 되어 함께 어울려 다녔다. 어느 날 토끼가 자칼에게 말했다.

"내 형제, 자칼. 오늘 우리는 각자 칼과 창을 들고 가서 어머니를 죽이는 거야. 나는 내 어머니를 죽이러 가고, 너는 네 어머니를 죽이러 가고."

그들은 창과 칼을 들고 어머니를 죽이러 각자의 길을 갔다. 집에 도착한 토끼는 재빨리 어머니를 동굴에 숨겼다. 그다음 '무툼바티'라고 불리는 나무로 가서 그 나무의 붉은 수액을 칼과 창에 발랐다. 그리고 자칼과 약속한 장소로 돌아갔다.

한편, 자칼은 어머니를 죽여야 한다는 말을 들었을 때,

매우 슬퍼했다. 아무리 생각해도 좋은 방법이 떠오르지 않았다.

'다른 곳에 가 있다가 토끼에게 가서 어머니를 죽였다고 말해야겠다.'

이렇게 생각한 자칼은 잠시 다른 곳으로 갔다가 토끼와 약속한 장소로 돌아갔다. 자칼을 발견한 토끼가 물었다.

"내 형제, 자칼아. 네 어머니를 죽였느냐?"

자칼이 대답했다.

"응, 죽였어."

그러자 토끼가 말했다.

"어디, 네 창과 칼을 좀 보자. 그리고 이건 내 것이야. 봐봐. 난 정말 내 어머니를 죽이고 왔다니까."

붉게 물든 토끼의 창과 칼을 본 자칼은 당황했다. 그 모습을 본 토끼가 말했다.

"오, 형제여, 네가 나를 속였구나. 우리는 모든 일을 똑같이 하자고 약속했잖아. 나는 내 어머니를 죽였는데, 너는 그러지 않았어. 아무래도 안 되겠다. 함께 가서 네 어머니를 죽이자. 그래야 우리 둘, 모두 똑같이 어머니 없이 살 수 있지 않겠니?"

그래서 그들은 함께 자칼의 어머니를 죽였고, 자칼은 매우 슬퍼했다.

그 후 어느 날 토끼가 자칼에게 말했다.

“형제여, 이제 우리는 벌레만 먹을 거야.”

그들은 숲을 돌아다니며 벌레를 잡았다. 매일 밤 토끼는 자칼이 잠들면, 어머니를 숨겨둔 동굴로 달려갔다. 그러면 토끼의 어머니는 그에게 먹을 것을 주었다. 자칼은 토끼와 함께 살며 벌레만 잡아먹고 살았다. 하지만 배를 채우기에는 양이 항상 부족했던 탓에, 자칼은 점점 더 말라갔고 결국 죽고 말았다.

머지않아 토끼가 자칼을 속여 그의 어머니를 죽게 만들고, 곤충만 먹게 하여 자칼 또한 죽게 했다는 소식이 숲속의 모든 동물에게 퍼졌다. 토끼의 행태를 용서할 수 없었던 동물들은 회의를 열어 토끼와 맞설 자를 정하기로 했다.

“교활한 토끼와 맞설 수 있는 자는 누구인가?”

그때 수탉이 나섰다.

“내가 바로 그자이다. 나는 토끼를 속이고 죽일 수 있다.”

하지만 동물들은 고개를 갸우뚱했다.

“수탉아, 너는 토끼와 맞서기에는 부족하다. 토끼와 맞설 어떤 교활함을 가지고 있기에 그렇게 자신 있게 나서느냐?”

수탉이 대답했다.

"나는 토끼를 이길 수 있다. 이제 토끼를 만나러 갈 테니 잘 봐라. 너희들은 곧 토끼와 나 사이에 일어난 일을 듣게 될 것이다."

이렇게 말한 수탉은 그길로 토끼를 만나러 갔다. 수탉을 만난 토끼가 물었다.

"지금까지 한 번도 우리 집에 온 적 없는 네가 무슨 일이냐? 오늘 널 처음 보는구나, 수탉아."

수탉이 대답했다.

"네 말이 맞다. 나는 너희 집에 한 번도 온 적이 없었지. 그런데 오늘은 너와 친구 하려고 왔어. 난 친구가 하나도 없거든. 그래서 너랑 친해지려 하는 거야. 우리는 마음이 아주 잘 맞는 친구가 될 것 같은데? 내가 지금 집에 가서 음식을 준비할 테니, 내일 우리 집에 놀러 오렴. 함께 이야기하자."

토끼가 대답했다.

"좋아. 알라의 뜻이 그러하시다면, 내일 너희 집으로 갈게."

수탉은 집으로 돌아가 아내들에게 말했다.

"내일 내 친구 토끼가 올 거니 음식을 준비해 주시오. 토끼가 오면 나는 마당에 앉아서 머리를 날개 아래에 숨기고 있겠소. 토끼에게 음식을 내어주고, 그가 '내 친구 닭은 어디에 있나요?'라고 물으면, 내 몸을 가리키면서 '그의 몸은 마당에 누워있지만, 머리는 술탄에게로 갔어요. 술탄에게 청원하기 위해 머리를 보냈답니다.'라고 말해주겠소?"

다음 날, 토끼가 와서 친구 수탉을 찾았다. 수탉의 아내들은 토끼를 마당으로 데려갔다. 마당에는 수탉이 날개 아래에 머리를 숨기고 누워있었다. 아내들은 수탉의 몸을 가리키며, 수탉의 머리는 술탄에게 청원하기 위해 잠깐 자리를 비웠다고 말했다. 그러고는 토끼를 집 안으로 데려갔고 준비된 음식을 먹으며 수탉을 기다리라고 말했다. 토끼는 매우 놀라 생각했다.

'내 친구 닭은 정말 대단하구나. 몸 없이 머리만 보내서 술탄에게 제 일을 이야기할 수 있다니.'

수탉의 아내들은 토끼 앞에 많은 음식을 차려주었다. 토끼가 그 음식을 먹기 시작하자, 닭이 모퉁이를 돌며 모습을 드러냈다.

"오, 친구여, 당신을 맞이하지 못해 정말 미안하네. 술탄에게 말할 매우 중요한 사안이 있어 머리를 보낼 수밖에 없었음을 용서해 주게."

닭의 말을 들은 토끼가 말했다.

"괜찮네, 친구. 난 이미 네 몸이 마당에 누워있는 것을 보았다네. 이제 머리가 돌아왔으니 정말 잘된 일 아닌가?"

식사를 마친 후 토끼는 닭에게 작별 인사를 했다.

"이제 집으로 돌아가겠네. 내일 우리 집에 와서 함께 식사하는 것이 어떤가?"

닭은 동의했고, 토끼는 떠났다. 집에 도착한 토끼는 아내들에게 말했다.

"내일 내 친구 수탉이 올 거니 음식을 준비해 주시오."

그들은 음식을 준비했다. 다음 날 토끼는 아내들에게 말했다.

"내 친구 닭은 매우 강해서 머리를 혼자서 술탄에게 보낼 수 있다오. 이제 당신들에게 부탁 하나를 하려 하는데, 내 머리를 잘라 마당 한쪽에 둘 수 있겠소. 닭이 오면 내 몸을 보여주고 나도 술탄에게 중요한 일이 있어서 머리를 보냈다고 말해 주시오."

토끼의 말을 들은 그의 아내들이 말했다.

"여보, 당신은 분명히 죽을 거예요."

토끼는 말했다.

"왜 내가 죽어야 하지? 내 친구 닭은 머리를 자르고도 죽지 않았는데, 왜 내가 죽어야 하나? 당신들은 내 머리를 잘라 두고, 닭이 앉아서 식사를 시작하면 다시 올려놓아야 하오. 그래야 내가 그에게 가서 이야기할 수 있지 않겠소?"

토끼의 아내들은 남편을 말렸다. 하지만 토끼는 결코 자신의 주장을 굽히지 않았다. 결국 아내들은 토끼의 머리를 잘라냈다. 잠시 후 닭이 와서 토끼를 찾자, 그들은 그를 데려가 토끼의 몸을 보여주고, 남편이 말한 대로 말해주었다. 닭이 토끼의 몸을 보았을 때, 그는 토끼의 머리가 정말로 잘려 나갔다는 것을 알아챘다. 그래서 그는 토끼의 아내들에게 말했다.

"나는 당신들의 음식을 기다릴 수 없겠소. 오늘 이 집에는 큰 슬픔이 있구려. 내가 토끼를 속였다오. 당신의 남편은 이미 죽어, 다시는 살아 돌아오지 못할 것이오."

이렇게 말한 수탉은 토끼의 아내들에게 작별을 고하고는 자신을 비웃었던 동물들에게 이 소식을 전하기 위해 길을 나섰다. 동물들을 만난 수탉이 말했다.

"내가 토끼를 속이지 못할 거라 했지?"

그러고는 동물들에게 토끼를 속인 이야기를 해주었다. 이윽고 토끼가 죽었다는 소식이 들려왔다. 이 소식을 들은 동물들은 수탉의 능력을 인정할 수밖에 없었다.

"닭의 말이 맞군. 그는 토끼보다 더 교활한 자야."

신비한 대추나무

오래전 한 남자가 있었다. 그는 한 여자와 결혼하여 두 아들을 두었다. 얼마 지나지 않아 그의 아내가 죽자, 그 남자는 한동안 외롭게 지내다가 다시 결혼하였다. 시간이 흘러 두 아들은 성장했고 그는 갑작스럽게 세상을 떠나게 되었다. 그가 죽자, 계모는 자기 자식이 아니었던 두 아들을 집에서 내쫓았다.

두 아들은 정처 없이 떠돌았다. 그들은 돈도, 먹을 것도 없이 매우 가난하게 지냈다. 낮에는 숲의 열매를 먹으며 길을 갔고, 밤에는 정글의 야생 동물들을 피하기 위해 나무 위에 올라가 잠을 청했다. 여러 날이 지나서야 그들은 한 마을에 이르렀다. 마을 입구에 도착하자 형이 동생에게 말했다.

"동생아, 너는 마을 밖에 앉아 있어. 내가 들어가서 음식을 얻어 오겠다."

마침, 그때는 그 마을의 우두머리가 갑작스레 세상을 떴을 때였다. 우두머리에게는 아들이 없었기 때문에 마을 사람들은 점성가와 예언자들에게 가서 물었다.

"어서 다른 우두머리를 뽑아야 할 텐데 어떻게 해야 할까요?"

그들은 대답했다.

"마을 사람들을 모두 모아서 사람들 사이로 라임을 하나 던지십시오. 그 라임을 맞은 사람을 데려다 마을의 수장으로 삼으십시오."

형이 먹을 것을 구하러 마을에 들어갔을 때, 그 마을의 모든 사람은 마을 중앙에 모여 있었다. 그가 사람들에게 다가갔을 때, 갑자기 라임이 그의 머리에 떨어졌고 사람들이 그를 향해 일제히 달려들었다. 그는 사람들에게 붙잡혀 마을 중앙에 세워졌다. 그는 매우 두려웠다.

"이 사람이 우리 지도자다!"

몇몇이 그를 붙잡고 외쳤고, 사람들은 일제히 환호했다. 그는 곧 수장의 거처로 옮겨졌다.

그렇게 그는 그 마을의 수장이 되었다. 하지만 동생이 마을 밖에서 자신이 돌아오기를 기다리고 있다는 말을 차마 꺼내기 어려웠다. 이틀을 고민한 끝에, 삼 일째 되던 날 그는 병사를 보내 동생을 찾으려 했다. 하지만 동생은 이미 어딘가로 사라지고 난 후였다. 형이 돌아오지 않아 두려움에 자리를 떠난 것이 분명했다.

시간이 흘러, 형이 그 마을의 수장이 된 지 여러 달이 지났다. 형은 동생을 생각하며 슬픔에 잠겨있었다.

어느 날 그는 창문 밖을 내다보다가 거리에서 돗자리를

파는 가난한 남자를 발견했다. 형은 그를 보자마자 그가 자신의 동생임을 알아차렸다. 그래서 즉시 병사들을 보내 그를 궁전으로 데려오라고 명령했다.

한편, 마을의 지도자가 자신을 찾고 있다는 이야기를 들은 동생은 몹시 두려웠다. 하지만, 병사들의 손에 이끌려 도착한 곳에는 그가 꿈에 그리던 형이 있었다. 동생을 찾은 형은 매우 기뻐하며 그를 그의 와지르로 삼았다. 그 후 그들은 함께 살며 그 마을의 일을 관리했고, 마을은 매우 번성하게 되었다.

어느 날 부자가 된 형 앞에 어떤 여인이 나타났다. 그녀의 아름다움에 매료된 그는 그녀를 아내로 맞이하길 원했다. 하지만 그 여인은 그에게 조건을 걸었다.

"다리 밑 개울의 바닥부터 다리 꼭대기까지 재물을 쌓아 올려 주세요. 이것을 혼수로 주지 않으면 결혼하지 않겠어요."

그 다리는 마을 밖 개울 위에 있었는데, 물이 다 빠져 개울 바닥이 드러난 참이었다.

형은 재물을 모아 개울 바닥부터 쌓아 올리기 시작했다. 다리 꼭대기까지 쌓아 올리자, 그의 재산은 바닥나 버렸다. 쌓인 재물을 본 여인이 그에게 말했다.

"저에게 네 시간의 말미를 주세요. 그때 결혼하겠어요."

그녀는 자리를 옮겨 닭, 달걀, 카레를 섞은 음식을 준비했고, 그 안에 아편과 인도대마를 넣은 뒤 그에게 보냈다. 그 음식을 먹은 형은 강렬한 마약의 효과로 금세 의식을 잃고 말았다. 그녀는 재빨리 노예들을 데리고 와서 그들 중 일부에게는 남자를 배에 태워 바다로 데려가 버리라고 명령하고, 나머지에게는 다리에 쌓여 있는 재물을 모두 가져다가 그녀의 집에 넣어 두라고 명령했다. 그렇게 형은 의식을 잃은 채로 배에 옮겨졌고, 그 후 바닷속에 버려졌다. 하지만 다행히 외딴섬의 모래톱까지 떠밀려 올라와 가까스로 목숨을 건질 수 있었다.

의식을 되찾은 그가 사방을 둘러보았을 때, 외딴섬에 솟은 두 그루의 대추나무가 눈에 보였다. 배가 고팠던 그는 첫 번째 나무로 가서 대추 열매를 찾았다. 나무에는 대추가 여럿 달려 있었지만, 모두 익지 않은 상태였다. 배고픔을 참지 못한 그는 그 나무에 달린 대추 한 개를 따서 먹었다. 대추를 삼키기 무섭게 그의 입에서 두 개의 큰 상아가 자라났다. 이가 너무 무거워 서 있을 수 없을 정도였다.

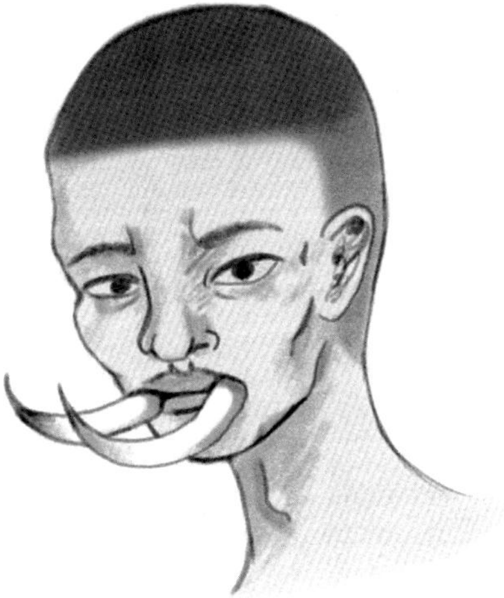

한편, 두 번째 나무의 대추들은 모두 알맞게 익어 있었다. 대추를 본 그는 생각했다.

"먹을 음식도 없고 육지도 보이지 않는구나. 난 곧 배고픔과 갈증으로 죽게 되겠지. 거기에 더해 갑자기 자라난 두 개의 상아 때문에 움직이기조차 힘들다. 잘 익은 저 두 번째 대추나무 열매를 먹으면 분명 죽게 될 거야. 그러면 내 고난은 끝날 것이다."

그가 두 번째 나무에서 대추를 따서 먹자마자 그의 상아는 땅에 떨어졌다.

그때 바다를 지나가던 상어가 멈춰 서서 그에게 무엇을 하고 있는지 물었다. 그는 자신이 이 섬에 표류하게 된 경위를 설명했고, 상어에게 해안으로 데려가 달라고 요청했다. 하지만 상어는 거절했다.

"너는 내 적이나 다름없어. 바로 너희 인간들이 나를 죽이고 먹는 자들이잖아."

하지만 그는 포기하지 않았다.

"나는 한 마을의 수장이오. 만약 당신이 나를 이 섬에서 빼내 주면, 우리 마을의 어부들에게 더 이상 상어를 죽이지 말라고 하겠소."

이 말을 들은 상어는 그를 등에 태워 육지로 데려다주기로 했다.

육지로 출발하기 전 형은 대추잎으로 두 개의 작은 바구니를 엮어, 하나에는 첫 번째 나무의 대추를 가득 채우고, 다른 하나에는 두 번째 나무의 대추를 가득 채웠다.

그 후 그는 두 바구니를 들고 상어의 등에 올라탔고, 상어는 그와 함께 육지로 향했다. 얼마 지나지 않아 해안이 보이는 곳에 이르자 상어가 말했다.

"더 이상 가까이 가기 두렵다. 인간들이 나를 보면 죽일 테니."

그래서 상어는 테와 물고기를 불러 그를 해안까지 데

려다 달라고 부탁했다. 하지만 테와 물고기는 거절했다.

"너는 우리의 적이나 다름없어. 바로 너희 인간들이 우리를 죽이고 먹는 자들이잖아."

하지만 이번에도 그는 포기하지 않았다. 만약 안전하게 해안까지 데려다준다면, 마을의 어부들에게 테와 물고기를 죽이지 못하게 하겠다고 약속했다. 이 말을 들은 테와 물고기는 그를 등에 태우고는 안전하게 해안까지 데려다주었다.

해안에 도착해 테와의 등에서 내린 그는 바구니 두 개를 들고 동생 집으로 갔다. 여인에게 모든 것을 빼앗긴 그에게 남은 것은 바구니 두 개에 든 대추뿐이었다.

'이제 이 대추들이 다른 사람들에게도 나와 같은 효과를 내는지 보자.'

이렇게 생각한 그는 동생 집에 도착하자마자 익지 않은 대추 바구니를 들고 다니며, 집 안의 모든 사람에게 하나씩 주었다. 대추를 먹은 사람들에게 모두 큰 이빨이 자라났다. 집안은 곧 그를 향한 원망으로 가득 찼다. 하지만 그가 두 번째 바구니를 가져와 한 알씩 주자, 그들의 이빨은 순식간에 떨어졌다. 대추의 효력을 확인한 그는 집안의 노예를 불러 첫 번째 바구니의 대추를 주고 말했다.

"이 대추를 마을에 나가 팔아라. 하지만 내가 알려주

는 자에게만 팔아야 한다."

그리고 그는 자신이 결혼하고 싶어 했던 여자, 그의 모든 재산을 가진 여인의 이름을 알려주었다. 그녀는 그의 재산을 비롯하여 마을의 땅과 농장지까지 손에 넣어 매우 부유해져 있었다.

노예가 그녀의 집을 지나갈 때, 마침 그녀는 창문 밖으로 머리를 내밀고 있었다. 그녀는 노예를 불러 무엇을 팔고 있는지 물었다.

"대추를 팔고 있습니다."

노예는 이렇게 말하고는 그녀에게 하나를 권했다.

그녀가 창문 밖으로 몸을 내밀며 그것을 받아먹자마자, 그녀의 입에서 두 개의 송곳니가 자라났다. 이빨이 너무나 거대한 나머지 창문에서 머리를 빼낼 수 없을 정도였다. 그녀는 어쩔 수 없이 창문 밖에 머리를 내놓고 하룻밤을 보냈다. 그리고 날이 밝자 마을에 전령을 보냈다.

"나를 구해 주는 자에게 큰 상을 주겠다."

다음 날 그녀는 여전히 창문에 갇혀 나오지 못했다. 그녀는 또다시 마을에 전령을 보냈다.

"나를 구해 주는 자와 결혼하고 내 재산의 반을 주겠다."

세 번째 날에도 그녀를 구하겠다고 오는 자가 없었다. 그녀는 또다시 마을에 전령을 보냈다.

"오늘 나를 구해 주면, 내 모든 재산을 주고 그의 노예가 되겠다."

세 번째 전령을 들은 형은 노예를 보내 말을 전하게 했다.

"이 내용이 적힌 문서에 서명해 주시오."

그래서 그 여인은 창문 밖에 얼굴을 내민 채로 문서를 작성하고 서명을 했다. 이윽고 그 문서는 형에게 전달되었다. 문서를 받은 그는 그녀에게 가서 두 번째 바구니에 담긴 대추를 주었다. 대추를 먹자마자 여인의 상아는 순식간에 떨어졌다.

그렇게 수장은 모든 재물과 재산을 되찾았고, 동생과 풍족하고 행복한 삶을 살았다. 그 여인은 약속대로 그의 노예가 되었다.

고양이 파카

오래전 '파카'라고 불리는 고양이가 있었다. 어느 날 숲속에 앉아 있던 파카는 배가 고파졌다. 그래서 해안가로 내려갔고, 거기서 게를 사냥하던 서발을 만났다. 파카는 서발에게 다가가 말했다.

"안녕하세요?"

서발이 물었다.

"너는 누구냐?"

"나야, 파카."

파카가 자신을 소개하자 서발은 파카가 무슨 일로 자기에게 말을 거는지 궁금해졌다.

"무슨 일이야?"

"너를 따라다니며 음식을 얻고 싶어."

파카의 대답을 들은 서발은 잡은 게 몇 마리를 주며 말했다.

"좋아. 우선 이 게들을 먹어봐."

파카는 서발이 준 게를 먹었고 그 후 여러 날 동안 서발을 따라다녔다. 그러던 어느 날 표범이 나타났다. 서발과 표범은 싸움을 벌였고, 결국 서발은 표범에게 잡혀 죽고 말았다. 이 모습을 본 파카는 생각했다.

'서발, 이 녀석은 전혀 남자답지 않았어. 나와 어울리는 진짜 남자는 표범이야.'

그래서 파카는 표범에게 다가가 인사했다.

"안녕하세요?"

표범이 물었다.

"너는 누구냐?"

"나야, 파카."

파카가 자신을 소개하자 표범은 파카가 무슨 일로 자기에게 말을 거는지 궁금해졌다.

"무슨 일이야?"

"너를 따라다니며 음식을 얻고 싶어."

파카의 대답을 들은 표범이 말했다.

"좋아. 서발 고기를 좀 나눠줄게."

파카는 그 후 몇 주 동안 표범을 따라다녔다. 그러던 어느 날 사자가 나타나 표범과 결투를 벌였고, 결국 표범은 사자에게 잡혀 죽고 말았다. 이 모습을 본 파카는 생각했다.

'이 표범도 남자다운 놈이 아니었어. 나와 어울리는 진짜 남자는 사자야."

그래서 파카는 사자에게 다가가 인사했다.

"안녕하세요?"

사자가 물었다.

"너는 누구냐?"

"나야, 파카."

파카가 자신을 소개하자 사자는 파카가 무슨 일로 자기에게 말을 거는지 궁금해졌다.

"무슨 일이야?"

"너를 따라다니며 음식을 얻고 싶어."

파카의 대답을 들은 사자가 말했다.

"좋아. 표범 고기를 좀 나눠줄게."

파카는 사자가 준 표범 고기를 먹었고 그 후 여러 달 동안 사자를 따라다녔다. 그러던 어느 날 코끼리가 나타났다. 코끼리가 다가와 코로 사자를 치자 사자는 내동댕이쳐져 죽고 말았다. 이 모습을 본 파카는 생각했다.

'이 녀석도 남자답지 못했어. 나와 어울리는 진짜 남자는 코끼리야.'

그래서 파카는 코끼리에게 다가가 인사했다.

"안녕하세요?"

코끼리가 물었다.

"너는 누구냐?"

"나야, 파카."

파카가 자신을 소개하자 코끼리는 파카가 무슨 일로 자기에게 말을 거는지 궁금해졌다.

"무슨 일이야?"

"너를 따라다니며 음식을 얻고 싶어."

파카의 대답을 들은 코끼리가 말했다.

"좋아. 사자 고기를 좀 나눠줄게."

파카는 코끼리가 준 사자 고기를 먹었고 그 후 여러 달 동안 코끼리를 따라다녔다. 그러던 어느 날 한 남자가 나타났다. 그 아담의 아들은 총을 들고 코끼리를 쏘았고, 총을 맞은 코끼리는 도망쳤다. 기나긴 추격 끝에 여러 발을 맞은 코끼리는 쓰러졌고 결국 죽고 말았다. 이 모습을 본 파카가 중얼거렸다.

"이 녀석도 남자답지 못했어. 나와 어울리는 진짜 남자는 아담의 아들이야."

그래서 파카는 그에게 다가가 인사했다.

"안녕하세요?"

남자가 물었다.

"너는 누구냐?"

"나야, 파카."

파카가 자신을 소개하자 남자는 파카가 무슨 일로 자기에게 말을 거는지 궁금해졌다.

"무슨 일이야?"

"너를 따라다니며 음식을 얻고 싶어."

파카의 대답을 들은 남자가 말했다.

"좋아. 코끼리 고기를 좀 나눠줄게."

파카는 남자 옆에서 남자가 준 코끼리 고기를 먹었고, 그동안 남자는 코끼리의 상아를 잘라냈다. 남자는 상아를 모두 자르고는 마을로 발걸음을 옮겼다.

한편, 그 남자에게는 두 아내가 있었다. 한 여자는 그가 사랑하는 사람이었고, 다른 여자는 아니었다. 마을에 도착한 그는 먼저 사랑하지 않는 아내의 집으로 가서 잠시 머물고, 그 이후에 사랑하는 아내의 집으로 향했다. 집에 도착하자 그가 말했다.

“오, 내가 사랑하는 아내여, 내가 당신 집에 나중에 온 건 다 이유가 있다오. 이곳에 오래 머물기 위해서 그리하였소.”

그 여자는 그가 다른 부인의 집에 먼저 갔다는 사실에 화가 났다. 그래서 남자에게 외쳤다.

“거짓말!”

그리고 그에게 와서 그를 때렸다.

그 남자는 아무것도 하지 못하고 돌아서서 움막을 떠날 수밖에 없었다. 이 모습을 본 파카는 생각했다.

“이 사람도 남자답지 않구나. 왜 떠나는 거지? 내게 어울리는 진짜 남자는 여자로군.”

그래서 파카는 여자에게 다가가 인사했다.

“안녕하세요?”

여자가 물었다.

“너는 누구냐?”

“나야, 파카.”

파카가 자신을 소개하자 여자는 파카가 무슨 일로 자기에게 말을 거는지 궁금해졌다.

“무슨 일이야?”

“너를 따라다니며 음식을 얻고 싶어.”

파카의 대답을 들은 여자가 말했다.

"좋아. 우리 집에 머무르렴."

그날 이후로 고양이는 남자가 아닌 여자를 따라다니게 되었다.

상인과 그의 금 가방

오래전 한 상인이 있었다. 그는 먼 나라로 떠나 큰돈을 벌어 돌아올 작정이었다. 그래서 상인은 여행에 필요한 것들을 챙기기 시작했다. 그러나 여행에 필요한 돈을 챙기려던 순간, 자신이 없는 사이에 집에 남기고 가는 돈을 도둑맞을까 걱정되었다. 그래서 그는 생각했다.

'이 금 가방을 집에 두고 가면 도둑맞을 수도 있어. 하지만 친구에게 맡기면 괜찮을 거야.'

하지만 그는 친구에게 사실 그대로를 말하는 것은 위험하다고 생각했다. 그래서 한 가지 계략을 떠올렸다.

그는 모든 금을 큰 가죽 주머니 바닥에 쏟아 넣었다. 그다음 코코넛 기름을 주머니에 가득 채우고 입구를 단단히 막았다. 그러고는 그 가죽 주머니를 이웃에 사는 친구에게 가져가 말했다.

"오, 친구여, 나는 여행을 떠나기로 결심했소. 이 코코넛 기름이 든 가죽 주머니를 당신에게 맡기고 싶은데, 내가 돌아올 때까지 안전하게 보관해 주시겠소?"

친구는 동의했고, 그는 마음 놓고 먼 나라로 여행을 떠났다.

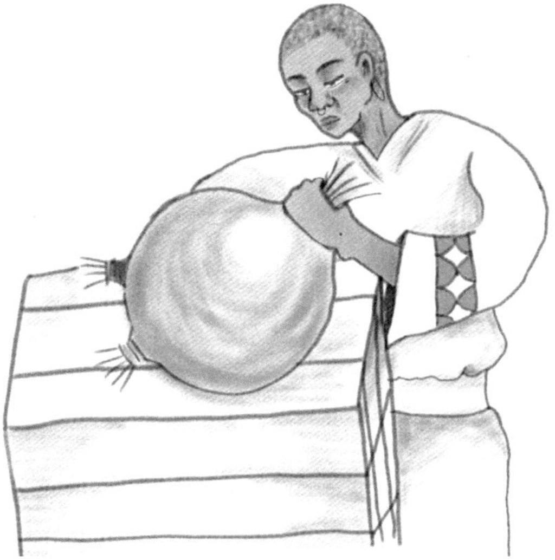

한 해 그리고 두 해가 지나는 동안 친구는 코코넛 기름이 든 가죽 주머니를 잘 보관했다. 그러나 세 번째 해가 되던 때, 그는 생각했다.

'내 친구는 분명 여행 중에 어떤 불행한 일을 겪어 돌아오지 못하게 된 것이 틀림없어. 그렇다면 이 가죽 주머니를 열고 그 안의 기름을 사용하는 것이 낫겠군.'

그는 가죽 주머니를 열고 여러 달 동안 기름을 사용했다. 어느 날, 가죽 주머니가 거의 비어갈 무렵 그는 가죽 주머니 안에 기름이 아닌 다른 것이 들어 있다는 것을 깨달았다. 그가 남은 기름을 모두 쏟아내자, 가죽 주머니

바닥에 있는 금화가 모습을 드러냈다. 그는 매우 기뻐하며 돈을 가져다가 비밀 장소에 숨겼고, 가죽 주머니는 집 안에 그대로 두었다.

그 후 얼마 지나지 않아 상인이 여행에서 돌아왔다. 그는 많은 나라를 여행하며 사업을 벌였고, 많은 고난과 어려움을 겪은 후 무사히 집에 돌아올 수 있었다. 친구는 그의 귀환 소식을 듣자, 매우 걱정되었다.

'이 돈을 어떻게 지키지? 맞아. 친구는 나에게 금화가 든 가죽 주머니를 맡긴다고 말하지 않았어. 그는 단지 기름이 든 가죽 주머니를 맡긴다고만 했지.'

그래서 그는 시장으로 가서 코코넛 기름을 사서 집으로 가져왔다. 그리고 가져온 기름으로 가죽 주머니를 채우고, 처음과 같은 모양새로 단단히 묶었다.

한편, 여행에서 돌아온 상인은 잠시 집에서 쉬다가 곧장 친구의 집으로 발걸음을 옮겼다. 그와 친구는 반갑게 인사한 후 여행에 관해 이야기를 나눴다. 한참 후 상인이 말했다.

"이제, 밤이 깊어지는군. 이제 집으로 돌아가야겠소."

집 밖으로 나와 작별 인사를 하던 그는 갑자기 맡긴 가죽 주머니를 떠올린 척하며 친구에게 말했다.

"그런데 친구여, 내가 맡긴 그 기름 가죽 주머니는 잘

가지고 있었는가?"

상인의 말을 들은 친구는 대답했다.

"아, 까맣게 잊고 있었군. 당신이 떠난 후 창고에 보관해 두었으니, 거기에 있겠지. 가서 찾아보겠소."

친구는 집으로 들어갔고, 잠시 후 가죽 주머니를 들고나오며 말했다.

"여기 있군. 다행히 잘 찾아냈네."

상인은 가죽을 받아 들고 집으로 향했다. 집에 도착한 그는 서둘러 주머니를 열어 금화를 찾기 시작했다. 주머니에 든 기름을 모두 쏟아냈지만, 금화는 하나도 보이지 않았다. 그는 큰 분노에 휩싸여 기름을 주머니에 다시 부어 넣고는 친구의 집으로 달려가 물었다.

"내가 당신에게 맡긴 금화들은 어디에 있소?"

상인의 말을 들은 친구가 되물었다.

"어떤 금화를 말하는 거요? 당신은 기름이 든 가죽 주머니만 내게 맡기지 않았소? 그 주머니를 방금 당신에게 돌려줬고. 내가 오랫동안 당신을 위해 잘 보관해 왔는데, 이제 와서 나에게 금화를 훔쳤다고 비난하다니 말이 된다고 생각하시오?"

그러자 상인이 말했다.

"금화들은 그 기름 주머니 바닥에 있었소. 그런데 지금 거기에 금화라고는 하나도 보이지 않는단 말이오."

상인의 말을 들은 친구가 말했다.

"당신은 정말 교활한 사람이로군. 당신은 처음부터 나에게 기름 주머니만 맡겼다고 말하지 않았소? 이제 와서 그 안에 금화가 가득했다고 말하다니. 나를 이유 없이 감옥에 갇히게 하려는 것이오?"

그러자 상인은 매우 화가 나서 곧바로 술탄에게로 갔다. 술탄은 친구를 불러 물었다.

"상인이 당신에게 금화로 가득 찬 가죽 주머니를 맡겼느냐?"

친구는 대답했다.

"아니요, 알라께 맹세코, 그는 저에게 기름으로 가득 찬 가죽 주머니만 맡겼습니다. 그리고 저는 그것을 이미 그에게 돌려주었습니다."

친구의 말을 들은 상인이 말했다.

"알라께 맹세코, 제가 삼 년 전에 여행 떠날 때 그에게 맡긴 것은 금화로 가득 찬 가죽 주머니였습니다. 하지만 불안하여 그에게 코코넛 기름이 든 가죽 주머니라고 말했습니다. 하지만 돌아와서 가죽을 열어보니 기름만 있고, 금화는 하나도 없었습니다."

친구가 말했다.

"알라의 이름으로, 그가 저에게 준 것은 기름이 든 가죽 주머니였고 저는 열지 않고 받은 대로 돌려주었습니다."

술탄은 두 사람의 말을 듣고 누가 잘못했는지 결정할 수 없었다. 어쩔 수 없이 사건은 이대로 종결되었다. 술탄의 궁전에서 나온 상인은 재산을 잃은 슬픔에 크게 상심했다. 길을 걷던 그는 우연히 마을의 기름 장수를 만나 이야기를 나누다가 이웃과 있었던 모든 일을 그에게 들려주었다. 기름 장수는 그 이야기를 듣고 말했다.

"만약 내가 술탄이 당신 편으로 판결하게 할 수 있다면, 당신은 나에게 어떤 보상을 주겠습니까?"

상인이 말했다.

"돌려받은 돈의 반을 드리겠습니다."

기름 장수는 급히 가게로 돌아가 기름을 두 병 꺼내 그 안에 담긴 기름을 모두 쏟아냈다. 그러고는 한 병에는 그 기름을 그대로 넣고, 다른 병에 넣을 기름에는 약간의 염료를 섞어 첫 번째 병에 담긴 기름보다 색이 더 어두워지도록 만들었다. 그다음 친구를 찾아가 모든 일을 설명하고, 만약 그가 이 일을 도와준다면 자신이 받을 보상의 반을 주겠다고 약속했다. 두 사람은 술탄에게 갔고, 기름 장수는 술탄에게 뵙기를 요청했다. 술탄 앞에 선 그는 말했다.

"오, 술탄이시여, 이 사람에 대해 고발할 일이 있어 찾아왔습니다. 이 사람은 제 고용인으로 매일 제 가게에서 일합니다. 저는 코코넛으로 기름을 만들고 그것을 가게에서 판매하는 기름 장수입니다. 그래서 제 가게에는 많은 기름통이 있죠. 그런데 어제 이 남자가 제 가게를 떠난 후, 기름이 한 통이 사라진 것을 발견했습니다. 그래서 그의 집으로 가보니, 그의 집에 기름으로 가득 찬 가죽 주머니가 있는 것이 아니겠습니까?"

기름 장수의 말을 들은 술탄은 피고인에게 돌아서서 말했다.

"이 말이 사실인가?"

피고인은 말했다.

"아니요, 거짓입니다. 제집에서 발견된 기름은 제가 다른 곳에서 산 기름입니다. 제 돈으로 산 기름이란 말입니다."

그러자 술탄은 기름 장수에게 돌아서서 말했다.

"그의 말을 들었느냐? 그가 말한 기름이 네 기름통에서 나온 것임을 증명할 증거가 있는가?"

그러자 기름 장수가 말했다.

"네, 술탄이시여, 증거가 있습니다. 그 통에 있던 기름은 매우 오래된 기름으로, 삼 년이 지난 기름이라 올해의 기름과 색이 다릅니다. 이 도시의 어떤 상인도 이처럼 오래된 기름을 가진 사람은 없습니다."

말을 끝내며, 기름 상인은 두 병의 기름을 가져왔다. 그리고 염색한 기름이 든 병을 들고 말했다.

"이 기름은 제 기름통에서 나온 기름이며, 이 남자의 집에서 발견된 기름과 같은 색입니다."

이렇게 말하고 나서 두 번째 병을 들고 말했다.

"이 기름은 올해의 기름이며, 보시다시피 색이 더 밝습니다."

그러자 술탄은 피고인에게 돌아서서 말했다.

"기름 장수의 말을 잘 들었느냐? 이제, 어서 대답해 보거라."

그러자 그 남자는 얼굴을 조아리며 말했다.

"술탄이시여, 회개합니다. 사실 저는 기름을 훔쳤습니다. 너무 가난해 기름을 살 돈이 없었습니다. 제발 용서해 주십시오."

한편, 술탄은 삼 년 전의 기름이 다른 색깔이라는 말을 듣고, 삼 년 전 한 상인이 친구에게 기름이 가득 찬 가죽 주머니를 맡긴 사건을 떠올렸다. 그래서 기름 장수에게 옆으로 물러서라고 명령한 후, 급히 그 사건을 다시 논의하고자 상인과 그의 친구를 불렀다.

그들이 그 앞에 서자 술탄은 상인의 친구에게 물었다.

"상인이 그 기름 가죽 주머니를 당신에게 주었다고 했을 때, 그때가 언제였소?"

그는 대답했다.

"지금으로부터 3년 전입니다."

그러자 술탄은 그에게 물었다.

"그 후로 그 가죽을 열거나 기름을 조금이라도 사용한 적이 있느냐?"

그는 대답했다.

"아니요. 알라께 맹세코, 그가 준 그대로 돌려주었습니다."

그러자 술탄은 가죽을 가져오라고 명령하고, 기름 장수에게 그가 가지고 왔던 기름 두 병을 다시 가져오라고 했다. 그러고는 가죽 주머니 속의 기름과 삼 년이 되었다던 병 속의 기름을 비교해 보았다. 가죽 주머니 속의 기름이 더 밝은 색깔임을 확인한 술탄은 상인의 친구에게 말했다.

"어떻게 된 일인가? 삼 년 전에 받았고 그 후로 한 번도 열지 않았는데, 왜 가죽 주머니 속에는 올해 짠 기름이 들어 있는 것이지?"

술탄의 말을 들은 상인의 친구는 두려움에 몸을 떨었다. 술탄은 병사들을 그의 집으로 보내 그가 숨겨둔 금화를 찾아냈다. 그리고서 찾은 금화를 모두 상인에게 돌려주었다.

사건을 마무리한 술탄은 다시 기름 장수에게 돌아서서 물었다.

"이 사람이 정말 그가 말한 대로 가난한 사람인가?"

기름 장수가 대답했다.

"네, 정말로 그렇습니다. 그는 매우 가난한 사람입니다. 그래서 저는 그가 고통받는 것을 원하지 않습니다."

기름 장수의 말을 들은 술탄이 말했다.

"그러면 그의 죄를 용서해 주겠다."

술탄은 피고인에게는 죄를 면해주었고 기름 장수에게는 상을 내렸다. 그가 상인 친구의 죄를 증명하는 방법을 알려주었기 때문이다.

기름 장수는 술탄으로부터 상도 받고, 약속대로 상인에게서 그가 되찾은 금화의 반도 받았다. 그는 이 돈을 친구와 나누었고, 그들은 기뻐하며 각자 길을 떠났다.

오리 바타

오래전 '바타'라는 오리가 살았다. 그들은 매우 행복하게 살고 있었는데, 그 이유 중 하나가 그들이 한 번도 인간을 만난 적이 없었다는 것이었다. 하지만 어느 날 한 남자가 그들의 집으로 찾아왔고 총을 쏘아 바타의 남편을 죽이고 말았다. 죽은 남편의 모습을 본 바타는 매우 슬퍼하며, 인간이 한 번도 발을 디딘 적이 없는 먼 나라로 날아갔다. 그곳에서 바타는 한 공작새를 만나 친구가 되었다. 공작새는 바타에게 이름을 물었다.

"내 이름은 바타야."

바타의 이름을 들은 공작새가 다시 물었다.

"바타야, 그런데 넌 왜 그렇게 떨고 있니?"

바타는 공작새에게 되물었다.

"너 혹시 인간을 본 적이 있니?"

공작새가 대답했다.

"아니, 난 한 번도 본 적이 없어."

그러자 바타는 자신의 이야기를 시작했다.

"인간만 생각하면 치가 떨려. 인간이 나를 과부로 만들었거든. 남편을 총으로 쏘아 죽였어."

바타의 이야기를 들은 공작새는 자신의 남편이 생각났다.

"사실 나는 매우 멋진 남편이 있어. 소개해 줄게."

그녀는 바타를 자신의 남편 공작새에게 데려갔다. 하지만 바타는 그를 보자마자 울음을 터뜨렸다. 남편 공작새가 물었다.

"왜 우시나요?"

바타가 대답했다.

"당신의 모습을 보고 감탄을 하다가, 만약 인간이 당신을 보면 반드시 죽일 거라는 생각에 슬퍼졌지 뭐예요."

"인간은 어떤 생명체인가요?"

남편 공작새가 물었고, 바타는 대답했다.

"그는 매우 교활한 생명체예요."

이후 바타는 계속 여행을 이어갔다. 여행 중 바타는 큰 강을 만났고, 강을 따라 올라가다가 동굴에 이르렀다. 바타가 동굴 안을 들여다보니 그곳에는 사자가 있었다. 사자가 물었다.

"너는 누구냐?"

바타가 대답했다.

"저는 오리예요. 바타라고 불리죠."

그러자 사자가 다시 물었다.

"바타야, 그런데 넌 왜 그렇게 떨고 있느냐?"

바타가 대답했다.

"인간 생각만 하면 치가 떨려요."

바타의 대답에 궁금해진 사자가 물었다.

"인간이 무엇이냐?"

바타는 설명했다.

"매우 교활한 존재예요. 심지어 당신을 죽일 수도 있습니다."

바타의 대답을 들은 사자가 말했다.

"그러면 인간이란 자는 매우 크고 강하겠군."

바타가 고개를 저었다.

"아니요, 인간은 크지도 않고 강하지도 않아요. 하지만 그의 교활함은 상상을 초월합니다."

그때 딕딕이 지나가다 사자를 보고 멈춰서 인사했다. 사자가 물었다.

"무엇을 피해서 달아나는 거냐?"

딕딕이 말했다.

"나는 인간으로부터 도망치고 있어요."

"그 인간이라는 자는 어떤 생물이냐?"

사자가 물었다.

"아, 그는 매우 교활해요."

딕딕은 이렇게 대답하고는 재빨리 도망쳤다.

곧 부시벅이 다가왔다. 부시벅은 사자를 보자 멈춰서 인사했다. 사자가 물었다.

“무엇을 피해서 달아나는 거냐?”

부시벅이 말했다.

“나는 인간으로부터 도망치고 있어요.”

“그 인간이라는 자는 어떤 생물이냐?”

사자가 물었다.

“아, 그는 매우 교활해요.”

부시벅은 이렇게 대답하고는 재빨리 도망쳤다.

곧 일랜드가 달려오더니 사자를 보고 멈춰서 인사했

다. 사자가 물었다.

"무엇을 피해서 달아나는 거냐? 혹시 그 인간이라는 생물 때문이야?"

일랜드가 대답했다.

"네, 나는 인간으로부터 도망치고 있어요."

사자가 말했다.

"인간이라는 자는 정말 큰 동물일 거야. 너처럼 큰 동물도 그에게 두려움을 느낄 정도라니."

"아니요, 그는 크지 않아요. 하지만 그의 교활함은 상상을 초월합니다."

일랜드는 이렇게 대답하고는 재빨리 자리를 떴다.

곧 버팔로가 달려왔다. 버팔로는 사자를 보고 멈춰서 인사했다. 사자가 물었다.

"너도 그 인간이라는 생물로부터 도망치는 거냐?"

버팔로는 말했다.

"네, 바로 그 인간으로부터 도망치는 겁니다."

그러자 사자가 말했다.

"그 인간이라는 자는 정말로 위대하고 강력한 생물일 거야. 너처럼 무서운 모습의 동물도 그에게 두려움을 느낄 정도라니."

버팔로는 말했다.

"아니요. 작지만, 그의 교활함은 상상을 초월합니다."

버팔로가 급히 도망친 지 얼마 지나지 않아 한 남자가 나타났다. 그 남자는 목수였는데, 팔 아래에 널판을 들고 어깨에는 연장 가방을 메고 있었다. 사자를 마주친 그는 생각했다.

'난 이제 정말 끝났구나. 사자에게 맞설 무기가 없으니.'

사자가 그 남자를 보고 물었다.

"너는 누구냐? 왜 그렇게 천천히, 조심스럽게 걷고 있느냐? 여기를 지나간 모든 동물은 '인간'이라는 생물로부터 도망쳤는데, 너는 왜 그를 두려워하지도 않고 도망가지도 않느냐?"

사자의 말을 들은 남자는 사자가 그를 알아보지 못했다는 것을 깨달았다. 그래서 그는 용기를 내어 말했다.

"저는 인간이 아닙니다. 제가 두려워하는 것은 코끼리입니다. 저는 코끼리의 노예로, 그분이 저에게 집을 지으라고 명령하셨습니다. 코끼리도 당신이 말하는 그 '인간'이라는 자를 두려워하거든요. 빨리 코끼리의 집을 지으러 가야 해요. 코끼리가 그 안에 들어가면 인간은 코끼리를 잡을 수 없거든요."

남자의 말을 들은 사자가 말했다.

"그럼, 나에게 먼저 그런 집을 지어 줄 수 있겠느냐?"

남자가 말했다.

"아니요, 안 됩니다. 코끼리와 이미 약속했어요."

그러나 사자는 포기하지 않았다. 그래서 목수는 짐을 내려놓고 관처럼 생긴 상자를 만들기 시작했다. 상자는 곧 완성되었고, 마지막으로 목수는 한쪽 끝에 문을 만들었다.

"들어오세요, 사자님. 이 집이 마음에 드시나요?"

사자가 들어가자 남자는 문을 닫고 소리쳤다.

"이제 나를 알겠느냐? 내가 바로 그 인간이라는 존재다."

사람은 도끼를 들어 무자비하게 사자를 내리쳤고, 사자는 죽고 말았다.

바타가 멀리서 이 모습을 보고는 재빨리 달아났다.

이것이 오리가 항상 물 위에 앉아 있으며, 심지어 연못 한가운데에서 잠들기까지 하는 이유이다. 오리는 여전히 남편을 죽인 인간을 두려워하고 있다.

술탄의 딸

오래전 한 술탄이 있었다. 그에게는 보름달처럼 아름다운 딸이 있었다. 딸을 지혜로운 사람과 결혼시키고 싶었던 술탄은 딸에게 청혼하러 온 남자들에게 세 가지 질문을 던졌다.

첫 번째 질문은 '기근이 한 곳에 찾아와 다시 떠나면 어디로 가는가?'였고, 두 번째 질문은 '병이 한 곳에 찾아와 다시 떠나면 어디로 가는가?', 마지막 질문은 '전쟁이 한 곳에 찾아와 다시 떠나면 어디로 가는가?'였다. 수개월, 수년이 지나도 이 질문에 적절한 답을 내놓은 사람은 나타나지 않았다. 마침내 한 남자가 나타나 술탄에게 말했다.

"술탄이시여, 제가 그 질문에 답하겠습니다."

"말해 보라, 낯선 자여."

그 남자가 말했다.

"한 나라에 발생한 기근이 다시 떠난다면, 그것은 게으른 자들에게 갑니다. 그들은 무엇인가를 하겠다는 생각은 커녕 항상 굶주림 속에서 지내기 때문입니다. 한 나라에 발생한 질병이 다시 떠난다면, 그것은 나이 든 자들에게 갑니다. 그들의 곁에는 질병과 죽음이 늘 함께하지요. 마지막으로 한 나라에 발생한 전쟁이 다시 떠난다면 그것은 여러 아내를 둔 남자들에게로 갑니다. 그들의 집에서는 다툼이 절대 멈추지 않지요."

이 말을 들은 술탄은 매우 기뻐하여, 딸과의 결혼을 허락했다.

원숭이, 상어 그리고 빨래꾼의 당나귀

오래전 원숭이 '키마'와 상어 '파파'는 절친한 친구 사이였다. 키마는 바다 가장자리에 우거진 거대한 음쿠유 나무에 살았는데, 그 나무의 가지 절반은 물 위에 나머지 절반은 육지 위에 드리워져 있었다. 매일 아침 키마가 아침 식사로 쿠유 열매를 먹을 때면, 파파가 나무 아래 모습을 드러냈다.

"친구여, 나에게 먹을 것을 좀 던져 줘."

키마는 이 부탁을 매번 기꺼이 들어주었다. 이 일은 몇 달 동안 계속되었다.

어느 날 파파가 말했다.

"키마, 네가 나에게 많은 친절을 베풀었으니, 내가 너에게 보답할 기회를 줘. 우리 집에 초대할게."

파파의 말을 들은 키마가 말했다.

"내가 거길 어떻게 갈 수 있겠어? 우리 육지 동물들은 물속을 다닐 수 없잖아."

파파가 대답했다.

"그건 걱정하지 마. 내가 너를 등에 태워 물 한 방울도 닿지 않게 해 줄 테니."

파파의 말에 안심한 키마는 파파의 집으로 향했다. 중간

쯤 왔을 때 파파가 멈춰 서서 말했다.

"넌 내 친구니까, 진실을 말해 줄게."

"그게 무슨 말이야?"

키마가 놀라며 물었다.

"사실은 말이야, 우리 술탄이 매우 아프셔. 유일하게 도움이 되는 약은 원숭이 심장뿐이라고 들었어."

"이런! 출발하기 전에 왜 그 말을 안 해준 거니, 어리석은 파파야."

파파는 키마에게 그 이유를 물었지만, 키마는 자신을 구할 방법을 생각하느라 바빠 대답할 틈이 없었다. 파파가 다시 물었다.

"왜 그러는 건데?"

"아, 지금은 어쩔 수 없어. 이미 늦었어. 네가 출발하기 전에 이 말을 해줬더라면 내 심장을 가지고 왔을 텐데."

"뭐? 네 심장이 여기 없단 말이야?"

키마는 파파에게 설명했다.

"아이고, 너는 우리에 대해 잘 모르는구나? 우리 원숭이들은 밖으로 나갈 때 심장을 나무에 두고 몸만 가지고 다녀. 하지만 넌 내 말을 믿지 않는 것 같구나. 내가 겁먹었다고 생각하는 거지? 그럼, 너희 집으로 가자. 가서 날 죽이고 심장이 있는지 확인해 봐."

키마의 말을 들은 파파는 그를 믿기로 했다.

“그럼 돌아가서 네 심장을 가져오자.”

“이미 너무 멀리 왔는걸. 그냥 너희 집으로 가자.”

키마의 반대에도 파파는 어서 돌아가서 심장을 가지고 오자며 고집을 부렸다. 결국 키마는 마지못한 듯이 끄덕이며, 자신이 겪게 된 불필요한 수고에 대해 투덜거렸다.

그들이 나무에 돌아왔을 때, 키마는 나무 위로 급히 올라가며 말했다.

“잠깐만 기다려, 파파. 내가 심장을 가져올게. 잠시 후에 바로 출발하도록 하자.”

나무에 올라간 키마는 가지 사이에 가만히 몸을 숨겼다.

잠시 후, 시간이 꽤 지났다고 생각한 파파가 키마를 불렀다.

“어서 내려와, 키마!”

파파의 부름에도 키마는 가만히만 있을 뿐 아무 말도 하지 않았다.

잠시 후 파파가 다시 키마를 불렀다.

“키마야, 이제 가자.”

이때, 키마가 위쪽 가지 사이로 고개를 내밀며 놀란 목소리로 물었다.

“어디로?”

"당연히 내 집으로지."

"미쳤어?"

"미쳤다고? 왜, 그게 무슨 뜻이야?"

"파파야, 넌 날 빨래꾼의 당나귀로 보는 거니?"

이해할 수 없는 키마의 말에 파파가 물었다.

"빨래꾼의 당나귀가 뭔데?"

"심장도 귀도 없는 동물이지."

파파의 호기심이 성급함을 이겨냈다. 파파는 키마에게 빨래꾼의 당나귀 이야기를 들려달라고 부탁했고, 키마는 이야기를 시작했다. 이야기는 이러했다.

오래전 한 빨래꾼이 당나귀 한 마리를 아주 애지중지 키우고 있었다. 그 당나귀의 이름은 '푼다'였다. 그러던 어느 날 당나귀는 도망쳤고 숲속 깊숙한 곳에 몸을 숨겼다. 그리고 아주 게으른 생활을 하다 보니 살이 매우 쪘다.

하루는 토끼 '순구라'가 길을 가다가 푼다를 보게 되었다. 토끼는 모든 짐승 중 가장 교활한 녀석이라 입만 봐도 항상 온갖 일에 대해 혼자 중얼거리는 걸 볼 수 있는데, 역시나 순구라도 푼다를 보자마자 혼자 중얼거렸다.

"와, 이 당나귀 엄청나게 살쪘네!"

그러고는 사자 '심바'에게 가서 알렸다. 심바는 막 큰 병에서 회복한 참이라 그간 사냥을 나갈 수 없었고, 그 때문에 허약하고 배가 무척이나 고픈 상태였다. 순구라가 말했다.

"내일 우리 둘이 잔치를 벌일 만큼 고기를 가져올게. 하지만 사냥은 네가 해야겠어."

"좋아, 순구라. 넌 정말 친절하구나."

그길로 순구라는 숲으로 달려갔다. 그리고는 푼다를 찾아 정중한 태도로 말했다.

"푼다 양, 당신과 결혼하고 싶다는 분이 있어 소식을 전하러 왔어요."

"누가 보냈나요?"

푼다는 콧노래를 부르며 물었다.

"사자 심바가 보냈소."

푼다는 이 말에 크게 들떠 외쳤다.

"당장 갑시다. 이건 정말 더할 나위 없는 제안이군요.'

그들은 곧 심바의 집에 도착했다. 심바는 그들을 정중하게 집 안으로 인도했다. 푼다가 안으로 들어가 앉자, 순구라는 심바에게 눈썹으로 신호를 보내, 이것이 약속한 잔치임을 알리며 자신은 밖에서 기다리겠다고 했다. 그러고는 푼다에게 말했다.

"푼다 양, 제가 잠시 자리를 비워야겠어요. 개인적인 일을 처리하러 가야 하니 여기서 머물며 곧 남편이 될 분과 이야기를 나누고 계세요."

순구라가 밖으로 나가자마자 심바는 푼다에게 달려들었고, 둘은 격렬하게 싸웠다. 그간의 병으로 몸을 회복하지 못했던 심바는 심하게 걷어차였고, 허약한 몸이 허락하는 한 발톱으로 푼다를 할퀴며 분을 풀었다. 하지만 얼마 지나지 않아 푼다는 심바를 쓰러뜨리고 숲속 자신의 집으로 도망쳤다. 잠시 후 토끼가 돌아왔다.

"야, 심바! 잡았어?"

"잡지 못했어."

심바는 으르렁거렸다.

"푼다가 날 걷어차고 도망갔지, 뭐야. 하지만 푼다도 꽤 아팠을 거야. 내가 힘이 없긴 해도 사자잖니."

"아, 그렇구나. 이번 일은 너무 신경 쓰지 마."

순구라는 심바와 푼다가 모두 건강해질 때까지 여러 날을 기다렸다. 때가 되었다고 생각한 순구라가 심바에게 말했다.

"자, 이제 때가 된 것 같지 않아, 심바? 지난번 약속했던 네 고기를 가져다줄까?"

"그래, 가져와. 내가 두 조각으로 찢어버리겠어!"

심바가 사납게 으르렁거렸다.

순구라는 숲으로 향했다. 곧 푼다가 그를 반갑게 맞아주며 소식을 물었다. 순구라가 대답했다.

"너의 사랑, 심바가 널 다시 초대했어."

"아이고, 이런! 심바가 날 손톱으로 긁어댔던 그날이 생각나네. 지금은 가까이 가기가 두려운 걸?"

푼다의 말을 들은 순구라가 말했다.

"아, 그건 단지 심바의 애정 표현 방식일 뿐이야."

"정말? 그럼 한 번 다시 가 볼까?"

그리하여 그들은 다시 길을 떠났다. 하지만 심바의 집에 도착하기가 무섭게 심바는 푼다를 보자마자 달려들어 그녀를 두 조각으로 찢어 버렸다. 그러고는 순구라에게 말했다.

"이 고기를 가져가서 구워. 나는 심장과 귀만 있으면 돼."

"알겠어."

이렇게 대답한 순구라는 사자가 볼 수 없는 곳으로 가서 고기를 구웠고, 심장과 귀를 떼어 숨겼다. 그리고 필요한 만큼 고기를 먹고 남은 것은 치워 두었다. 얼마 후 심바가 다가와 말했다.

"심장과 귀를 가져와."

"심장과 귀, 그게 무슨 소리야? 그런 건 없었어."

순구라가 대답했다. 모른 척 시치미를 떼는 순구라를 보고 심바는 으르렁거렸다.

"심바야, 너, 그 푼다가 빨래꾼의 당나귀라는 걸 몰랐어?"

"그게 심장과 귀가 없다는 것과 무슨 상관이 있지?"

"심바야, 잘 생각해 봐. 그 짐승이 심장과 귀를 가졌다면 두 번째로 초대했을 때 너의 집으로 오지 않았겠지? 그렇지 않니?"

심바는 순구라의 말이 옳다는 것을 인정할 수밖에 없었다.

이렇게 빨래꾼의 당나귀 이야기를 마친 키마가 파파에게 말했다.

"너는 나를 빨래꾼의 당나귀로 만들고 싶어 하는구나. 거기서 나와서 혼자 집으로 가렴. 다시는 날 속이지 못할 거야. 우리 우정은 이걸로 끝났어. 안녕, 파파."

사자와 하이에나 그리고 토끼 1

어느 날 사자, 하이에나, 토끼가 함께 여행을 떠났다. 길이 끝없이 이어졌고, 그들은 극심한 굶주림으로 지쳐있었다. 여행이 끝날 기미가 보이지 않던 어느 날, 그들에게는 한 발짝을 움직일 힘조차 남아 있지 않았다. 그들은 모여 의논했다.

“우리 중 그 누구도 살아남지 못할 것 같아. 우리 중 한 명을 먹어 다른 두 명이 힘을 얻어 계속 갈 수 있도록 하는 것이 낫겠어.”

그들은 모두 이 계획에 동의했지만 누가 먹힐지, 누가 살아남을지 결정하지 못했다. 결국 가장 젊은 자를 나머지 두 마리가 먹는 것으로 합의했다. 사자가 토끼에게 말했다.

“네 나이를 우선 알려줘.”

토끼가 대답했다.

“저는 여기에서 가장 작고 약한 자입니다. 위대한 분들 앞에서 먼저 말하는 것은 예의에 어긋나죠. 선생님들께서 먼저 나이를 말씀하시면, 그다음에 제가 말하겠습니다.”

그러자 사자는 하이에나에게 말했다.

“그러면 너부터 먼저 말해라.”

하이에나는 잠시 생각한 후 대답했다.

"제 나이는 500세입니다."

사자는 토끼에게 말했다.

"하이에나의 말을 들었으니 이제 네가 말할 차례다."

하지만 토끼는 이번에도 발을 뺐다.

"위대한 사자님께서 말씀도 하시기 전에 제가 어떻게 말을 꺼낼 수 있겠어요?"

사자는 고민한 후 말했다.

"나는 2,000세이다."

토끼는 이 말을 듣고 울기 시작했다. 사자와 하이에나가 토끼에게 왜 울고 있는지 묻자, 토끼가 대답했다.

"아이고, 친구들아, 갑자기 내 첫째 아들 생각이 나는군. 바로 2천 년 전 오늘 죽었거든."

그 말을 들은 사자는 하이에나를 죽였고, 사자와 토끼는 하이에나 고기 덕택에 힘을 얻어 안전하게 여행을 마칠 수 있게 되었다.

사자와 하이에나 그리고 토끼 2

오래전 어느 날, 사자 '심바', 하이에나 '피시', 토끼 '키티티'는 작게 농사를 지어보기로 마음먹었다. 그래서 그들은 시골로 가서 밭을 갈고 그곳에 온갖 씨앗을 뿌렸다. 어느덧 작물이 익어 수확할 때가 되었다.

"밭에 가서 작물이 어떻게 자라고 있는지 보자."

그래서 어느 이른 아침, 그들은 밭으로 출발했다. 밭이 꽤 멀리 떨어져 있었기 때문에, 키티티는 한 가지 제안을 내놨다.

"밭으로 가는 도중에 잠시도 멈추지 말자. 만약 누군가 멈춘다면, 나머지가 그 녀석을 잡아 먹어버리는 거다."

심바와 피시는 키티티만큼 교활하지 않았고, 자신들이 그보다 체력이 좋은 것을 알았기에 이 제안을 기꺼이 받아들였다. 그리하여 그들은 길을 떠났다. 하지만 얼마 가지 않아 키티티가 멈춰 섰다.

"앗, 키티티가 멈췄어. 잡아먹어야겠군."

"맞아, 그게 약속이었지."

피시가 말했고, 심바도 이에 동의했다. 하지만 키티티는 이유가 있다는 듯 말했다.

"음, 난 잠시 생각에 잠겼을 뿐이야."

"뭘 생각해?"

심바와 피시는 호기심 가득한 목소리로 물었다. 이윽고 키티티가 진지하고 철학적인 어조로 대답했다.

“그게 말이지, 저 두 돌멩이, 하나는 크고 하나는 작은 저 돌멩이들 말이야. 작은 놈은 위로 올라가지도 않고, 큰 놈은 아래로 내려가지도 않아.”

심바와 피시는 돌을 보려고 멈춰 섰고, 키티티의 말에 동의할 수밖에 없었다.

“정말 이상하군. 하지만 네 말이 맞아.”

대화가 오가는 시간 동안, 키티티는 충분히 휴식을 취할 수 있었다. 그들은 다시 여정을 시작했다. 하지만 얼마 지나지 않아 키티티가 다시 멈춰 섰다.

“아하! 키티티가 또 멈췄어. 이제 꼭 잡아먹어야겠군.”

“나도 그렇게 생각해.”

피시와 심바가 말했다.

“음, 난 또다시 생각에 잠겼을 뿐이야.”

호기심이 발동한 심바와 피시는 키티티에게 무슨 생각을 하는지 말해 달라고 졸랐다.

“글쎄, 이런 생각을 했어. 우리 같은 사람들이 새 외투를 입으면, 낡은 외투들은 어디로 가는 걸까?”

심바와 피시 모두 잠시 멈춰 그 문제에 대해 생각해 보더니, 함께 외쳤다.

"음, 참 궁금하네!"

이번에도 대화가 오가는 시간 동안, 키티티는 충분히 휴식을 취할 수 있었다. 그들은 다시 여정을 시작했다. 잠시 후 자신의 철학을 뽐낼 때가 됐다고 생각한 피시가 갑자기 멈춰 섰다. 심바가 으르렁거리며 말했다.

"자, 이건 안 되겠어. 피시, 우리가 널 먹어야 할 것 같구나."

"아, 아니야, 난 생각 중이야."

"뭘 생각하는 거야?"

심바와 키티티가 물었다.

"난, 생각 중이야. 전혀 아무것도 생각하지 않는 것을 생각 중이라고."

피시는 스스로 아주 영리하고 재치 있다고 생각했다. 하지만 키티티의 계략을 피할 수는 없었다.

"아, 헛소리! 우린 그런 식으로 속지 않아."

그래서 키티티와 심바는 피시를 먹어 치웠다. 배가 부른 그들은 가던 길을 계속 이어갔고, 곧 동굴이 있는 곳에 이르렀다. 키티티는 동굴 앞에 멈춰 섰다. 심바는 약속대로 키티티를 잡아먹을 생각이었다.

"흠! 아까만큼 배고프진 않은데, 그래도 너를 먹기 위한 공간을 만들어야겠구나, 작은 키티티."

"아니, 그럴 필요 없어. 난 또 생각 중이거든."

"그래, 이번엔 뭐가 고민이야?"

심바가 묻자, 키티티가 대답했다.

"저 동굴에 대해 생각 중이야. 옛날 우리 조상들이 여기 들어가서 저기로 나왔다고 하더라고. 나도 그 발자취를 따라가 보려고."

말이 끝나기가 무섭게 키티티는 동굴 한쪽 끝으로 들어가 다른 쪽 끝으로 여러 번 왔다 갔다 했다. 그러고는 심바에게 말했다.

"심바야, 너도 한번 해봐."

키티티의 말을 들은 심바가 동굴 안으로 들어갔지만, 몸집이 큰 심바는 동굴에 꽉 끼여 앞으로 나아갈 수도, 뒤로 나올 수도 없었다. 순식간에 키티티는 심바의 등에 올라타 그를 먹기 시작했다. 잠시 후 심바가 울부짖었다.

"키티티, 뒷부분만 먹지 말고 공평하게 내 앞부분도 좀 먹어 줘."

심바의 속셈을 간파한 키티티가 말했다.

"미안, 나는 앞으로 갈 수 없어. 네 얼굴을 마주 보는 게 무섭거든."

그렇게 키티티는 심바를 그곳에 남겨둔 채, 농장과 작물의 유일한 주인이 되었다.

사냥꾼, 사자 그리고 토끼

오래전 매우 가난한 한 남자가 살았다. 그의 일은 덫을 놓아 동물을 잡는 것이었다. 매일 아침 그는 밖에 나가 짐승을 잡을 덫을 놓고 저녁이 되어서야 집으로 돌아왔다.

어느 날 그는 밖에 나가 덫 주위를 둘러보다가 사자와 마주쳤다. 사자가 그에게 말했다.

"이 숲은 내 것이며, 여기서 사냥하는 것은 허락되지 않는다. 나는 여기서 사냥하는 유일한 존재인데, 아담의 자손인 네가 감히 내 숲에 사냥하러 오다니. 너는 내가 사십 명의 장정과 맞먹는 힘을 가졌다는 것을 모르느냐?"

남자가 대답했다.

"아, 주인님, 이 숲이 당신의 숲이라는 소식을 듣지 못했습니다. 제가 무슨 힘이 있겠습니까? 당신의 분부대로 하겠습니다."

그러자 사자가 말했다.

"그럼 이렇게 하도록 하자. 여기서 사냥할 수 있게 해주겠다만, 네가 여기에서 잡은 동물의 심장, 간, 내장을 나에게 주고, 살코기는 네가 가져가라."

그들은 이렇게 합의했다. 매일 남자는 그곳에 덫을 놓아 동물들을 사냥했다. 약속대로 잡은 사냥감의 심장과 간,

내장은 사자에게 주고 살코기는 집으로 가져갔다. 그의 아내는 매우 기뻐했다.

어느 날 그의 아내가 그에게 말했다.

"왜 잡은 동물들의 살코기만 가져오고 내장을 숲에 남겨두는 거죠? 며칠 전부터 몸이 좋지 않은데, 동물의 간을 먹으면 나을 것 같아요."

아내의 말을 들은 남자가 말했다.

"모든 사냥감의 내장은 숲의 주인인 사자의 것이라는 사실을 모르시오?"

아내는 남편의 말을 의심했다.

"매일 다른 여자에게 사냥감의 심장과 간을 주고 있는 거 다 알고 있어요. 만약 정말로 사자가 가져간다면, 내일 당신을 따라가서 직접 확인하겠어요."

남자는 아내를 말렸다.

"여보, 나와 함께 숲으로 가는 것은 매우 위험하오. 숲에는 사나운 동물들과 가시덤불, 어려움과 위험이 가득하잖소."

그렇게 그들은 잠들었고 다음 날 아침, 남자는 다시 사냥하러 집을 나섰다. 그가 떠나자, 그의 아내는 그를 몰래 뒤따랐다. 첫 번째와 두 번째 덫이 있는 장소까지는 아무런 문제가 없었다. 하지만 세 번째 장소에서 그만 덫에 걸리고 말았다.

남자가 숲에서 돌아왔을 때 아내는 집에 없었다. 그녀를 찾아다니던 중 이웃 한 사람이 말했다.

"오늘 아침에 당신을 따라가는 당신의 아내를 봤습니다."

남자는 속으로 생각했다.

'내가 사냥한 동물의 내장이 어디로 갔는지 보려고 따라온 것이 틀림없다.'

그래서 그는 아침에 갔던 길을 되돌아갔다. 길을 따라 첫 번째와 두 번째 덫에 이르렀지만, 아내는 어디에도 없었다. 세 번째 덫에 도착했을 때, 그는 덫에 걸린 아내와 그 옆에 앉아 있는 사자를 보았다. 사자가 말했다.

"아담의 자손이여, 오늘 잡은 이 멋진 동물을 보라. 빨리 잘라서 내 몫을 주면 좋겠구나."

남자가 말했다.

"그녀를 잘라낼 수 없습니다. 그녀는 제 아내입니다."

사자가 말했다.

"네가 잡은 모든 동물의 내장을 내가 받는 것으로 약속하지 않았느냐? 이제 내 몫을 주지 않으면 너를 죽이겠다."

그때 이 모든 말을 몰래 듣고 있던 토끼가 나와 사자에게 말했다.

"이 남자가 하는 말은 틀림없는 거짓말입니다. 이 남

자의 속셈은 모든 고기를 혼자 차지하려는 것이에요. 제게 계획이 있습니다. 두 분 다 저를 따라오세요. 이 여자가 그의 아내가 아니라는 것을 증명해 보이겠습니다."

그래서 남자와 사자는 토끼를 따라갔다.

토끼와 남자는 두 번째 덫을 잘 피해 지나갔지만, 첫 번째 장소에서 사자는 그만 덫에 걸리고 말았다. 올가미에 묶여 공중에 매달린 사자를 보고 토끼가 남자에게 말했다.

"이제 아내를 데리고 도망가세요. 그가 빠져나오면 우리 둘 다 죽일 거예요."

남자는 아내를 데리고 재빨리 도망쳤다.

올가미에 묶인 사자는 한참이 지난 후, 썩어버린 밧줄 덕택에 덫에서 빠져나올 수 있었다. 하지만, 상처투성이에 말라비틀어진 채였다.

사자는 팔라와 얼룩말을 사냥해서 기력을 보충했다. 얼마 지나지 않아 사자는 예전 모습을 되찾았다.

"나를 함정에 빠뜨린 그 토끼를 죽이러 가야겠다."

사자는 큰 바위 아래에 있는 토끼의 집을 찾아갔다. 그곳에서 사자는 토끼를 마주쳤다.

"사자님. 제 집 위를 보세요. 큰 바위 위에 더 큰 바위가 있죠? 그 바위가 균형을 잃고 흔들리고 있어요. 곧 우리 둘 다 바위에 깔려 죽게 될 거예요."

위를 올려다본 사자는 바위 위에 위태롭게 올려진 또 다른 바위를 보고는 몸을 피했다. 하지만, 바위는 떨어지지 않았다. 사자는 토끼를 찾아 주위를 둘러봤지만, 토끼는 이미 사라진 뒤였다.

그 후 여러 날 동안이나 사자는 토끼를 찾아다녔다. 마침내 사자는 토끼가 사는 동굴을 찾아내었고, 그곳에 들어가 앉아 토끼가 돌아올 때까지 기다렸다.

한편, 토끼는 집으로 돌아오는 길에 그의 집 쪽으로 난 사자의 발자국을 발견했다. 그래서 집 앞 먼발치에 서서 큰 소리로 말했다.

"내 집, 안녕?"

사자는 대답하지 않고 숨죽이고 기다렸다.

그러자 토끼가 다시 말했다.

"내 집, 안녕?"

사자는 아무 소리도 내지 않았다.

잠시 후 토끼가 말했다.

"매일 여기를 지나갈 때마다 '내 집, 안녕?'이라고 말하면 집은 '너도 안녕?'이라고 대답하는데, 오늘은 아무 말도 없네. 아마도 안에 누군가가 있을지도 몰라."

그 말을 들은 사자가 대답했다.

"너도 안녕?"

사자의 말을 들은 토끼가 말했다.

"오, 당신이군요, 사자님. 당신의 목소리예요. 저를 죽이러 오셨군요."

토끼는 도망쳤고, 이번에도 사자는 토끼를 놓치고 말했다.

얼마 지나지 않아 토끼는 길에서 사자를 마주쳤다. 도망칠 수 없다는 것을 안 토끼가 말했다.

"당신에게서 도망치는 것에 지칠 대로 지쳤어요. 사자님, 이제 당신과 함께 가겠어요. 가서 당신의 종이 되겠습니다."

사자는 동의했고, 토끼는 사자를 따라갔다.

며칠 뒤 사자는 얼룩말을 사냥하여 집으로 가지고 왔다.

"나의 충실한 하인, 토끼야. 배가 고프구나. 비곗살을 요리해 오거라."

토끼는 나무를 모아 불을 피우고, 불에 비곗살을 조금 넣어 익혔다.

"사자님, 맛 좀 보세요."

사자는 입을 벌렸다. 비곗살은 달고 맛있었다.

"빨리 나머지도 요리하도록 해라. 배가 너무 고프구나."

토끼는 얼른 돌 하나를 가져와 불에 넣어 붉게 달궜다. 그다음 두 개의 막대기로 돌을 잡고는 사자에게 말했다.

"사자님, 맛 좀 보세요."

사자는 입을 벌렸고, 토끼는 뜨거운 돌을 사자의 입속에 넣었다. 그것이 고기인 줄 알았던 사자는 재빨리 돌을 삼켰다. 하지만, 달궈진 돌은 그의 내장을 태워 사자를 죽음에 이르게 했다.

토끼는 죽은 사자의 가죽을 벗겼다. 그리고 그것을 들고 길을 나섰다. 한참이 지난 후 토끼는 한 동굴에 도착했는데, 그곳에는 서른 마리의 하이에나가 춤을 추고 있었다. 토끼는 그중 한 마리의 꼬리에 실을 묶고는 그것을 사자의 가죽과 연결한 후, 동굴 입구에 세워놓았다. 하이에나들이 사자의 냄새를 맡고 주변을 둘러보았다. 입구에 한 사자가 엎드려 있었다. 그들은 회의를 열었다.

"여기서 머무는 것이 나을 것입니다. 만약 나가면 틀림없이 죽게 될 거예요. 조금 후에 사자가 떠날 테니 좀 더 기다려보죠."

그들은 이틀을 동굴에서 기다렸지만, 그 다음날이 되어도 사자는 떠날 생각을 하지 않았다. 그들은 다시 회의를 열었다.

"이런 식이라면 우리 모두 여기서 굶어 죽을 거요. 우리 중 한 명을 잡아먹어 나머지가 살도록 하는 게 나을 거야."

그렇게 그들은 그들 중 한 명을 먹었고, 다음 날도 마찬가지였다. 매일 그런 일이 계속되다 보니 결국 살아남은 자는 꼬리에 가죽이 묶인 그 하이에나뿐이었다.

하이에나는 생각했다.

'여기에 있으면 굶어 죽게 될 거야. 사자를 피해 도망가 보자.'

그래서 그는 동굴에서 뛰쳐나와 평원을 가로질러 달렸다. 가죽은 계속해서 그를 따라갔다. 마침내 끈이 끊어졌고, 하이에나가 뒤를 돌아보았을 땐 토끼가 가죽을 주우러 오고 있었다. 그 모습을 본 하이에나는 매우 화가 나서 토끼를 쫓아가 잡았다. 토끼가 말했다.

"나는 작은 한입에 불과합니다. 나를 놓아주면, 방금 죽은 코뿔소가 있는 곳에 모셔다드리지요."

하이에나는 토끼를 놓아주며 말했다.

"내가 따라가서 확인하겠지만, 만약 나를 속였다면 너는 죽은 목숨이다."

토끼는 그를 강가로 데려갔다.

"오늘 아침에 코뿔소가 여기에 빠졌어요. 물에 코를 넣으면 냄새를 맡을 수 있을 거예요."

하이에나는 물에 코를 넣어서 코뿔소가 있는지 냄새를 맡으려 했다. 하지만, 안타깝게도 그대로 악어들에게 잡혀 강으로 끌려가 죽고 말았다.

토끼와 사자

어느 날 토끼 '순구라'가 먹이를 찾아 숲속을 배회하다가 아주 큰 조롱박 나무 위를 올려다보게 되었다. 나무 줄기 윗부분에 난 큰 구멍에 벌들이 살고있는 것을 본 순구라는 꿀을 찾는 것을 도와줄 이를 찾으러 마을에 가기로 했다.

순구라가 큰 쥐 '부쿠'의 집을 지나고 있을 때였다. 마침, 집 앞에 나와 있던 부쿠가 순구라를 보았다. 예의 바르기로 유명한 그는 순구라를 집으로 초대해 잠시 이야기를 나눴다.

"아버지가 돌아가셔서 꿀 한 통을 남기셨어. 함께 가서 먹지 않을래?"

부쿠는 순구라의 제안을 기쁘게 받아들였고, 그들은 바로 길을 나섰다. 커다란 조롱박 나무에 도착하자, 순구라는 벌집을 가리키며 말했다.

"자, 저기야."

그들은 짚을 몇 개 챙겨 벌집까지 올라갔고, 짚에 불을 붙여 연기로 벌들을 쫓아낸 뒤, 불을 끄고 꿀을 먹기 시작했다. 잔치가 한창이던 그때, 나무 밑에 누군가가 나타났다. 바로 꿀의 주인, 사자 '심바'였다. 심바는 고개를 들어 나무 위에서 꿀을 먹던 순구라와 부쿠를 보았다.

"너희는 누구냐?"

심바의 말을 들은 순구라가 부쿠에게 속삭였다.

"아무 말 마. 저 늙은이는 미쳤어."

대답이 없자 심바는 화를 내며 다시 물었다.

"내가 지금 묻고 있지 않느냐? 너희는 누구냐? 말해, 당장!"

심바의 말에 겁에 질린 부쿠가 말했다.

"우리야, 그냥 '우리'라고!"

조용히 있으려던 계획이 빗나가버리자 순구라는 재빨리 꾀를 냈다.

"이 짚으로 나를 싸. 사자에게 물러서라고 외친 다음, 나를 던져."

부쿠는 토끼 순구라를 짚으로 싼 후, 심바에게 외쳤다.

"물러서. 먼저 이 짚을 던질 테니. 난 그다음에 내려갈게."

심바가 비켜서자, 부쿠는 짚을 던졌고 짚이 땅에 닿자마자 순구라는 그 안에서 쏙 빠져나와 심바의 눈을 피해 멀리 달아났다. 한편, 그들이 내려오기를 기다리던 심바는 참다못해 외쳤다.

"자, 내려오라고!"

어쩔 수 없이 부쿠는 나무에서 내려왔다. 부쿠가 손이 닿을 거리로 다가오자, 심바는 그를 붙잡고 물었다.

"누가 너와 함께 위에서 있었지?"

"음, 토끼 순구라였어. 내가 던질 때 못 봤어?"

"당연히 못 봤지."

심바는 부쿠의 말을 믿지 못하는 말투였다. 그리고 더 이상 시간을 낭비할 필요가 없다는 듯 부쿠를 먹어 치운 뒤, 토끼를 찾아 주변을 수색하기 시작했다. 하지만 토끼 순구라는 이미 멀리 도망가고 난 후였다.

사흘 후, 순구라는 거북이 코바이를 찾아갔다.

"우리 함께 꿀 좀 먹으러 가자."

"무슨 꿀?"

코바이가 조심스럽게 물었다.

"내 아버지의 꿀이지."

"아, 알겠어. 나도 갈게."

열정이 넘쳤던 코바이는 승낙했고 둘은 곧장 떠났다. 그들은 커다란 조롱박 나무에 도착하자마자 짚을 들고 올라가 불을 붙여 연기로 벌들을 쫓아낸 뒤, 불을 끄고 꿀을 먹기 시작했다. 바로 그때 꿀의 주인인 심바가 다시 나타나 위를 보며 물었다.

"거기 위에 누가 있느냐?"

순구라는 코바이에게 속삭였다.

"조용히 해."

아무런 대답을 듣지 못한 심바는 화를 내며 또다시 물었다. 코바이는 연이은 심바의 질문에 의심을 품었다.

"순구라야. 이 꿀, 정말 네 거 맞지? 심바 것이 아니고?"

그때 사자가 다시 물었고 코바이가 대답했다.

"우리야."

"그럼, 이리로 내려와 봐."

"내려갈게."

한편, 심바는 부쿠를 먹어 치운 날부터 순구라를 찾는데 혈안이 되어 있었다. 순구라가 분명 코바이와 함께 나무 위에 있다고 의심한 심바는 생각했다.

'토끼 이놈, 이번엔 분명히 잡았어.'

순구라는 이번에도 꾀를 냈다.

"코바이, 이 짚으로 나를 싸. 사자에게 물러서라고 외친 다음, 나를 던져. 내가 아래서 기다릴게. 그 녀석은 너를 해칠 수 없어, 알지?"

"알겠어."

코바이는 이렇게 말했지만, 곧 순구라의 속셈을 알아챘다.

'이 녀석, 도망가려고 하는군. 사자의 분노를 나 혼자 감당하게 하려는 거야. 먼저 잡혀야 할 녀석이지.'

그래서 코바이는 순구라를 짚으로 묶어 던지며 소리쳤다.

"순구라가 내려간다!"

코바이의 말을 들은 심바는 순구라를 잽싸게 잡았다.

"자, 이 녀석을 어떻게 할까?"

순구라가 대답했다.

"날 먹으려 해도 소용없어. 난 엄청 질기거든."

"그럼 어떻게 할까?"

심바가 물었다.

"내 생각엔, 내 꼬리를 잡고 빙글빙글 돌린 다음 땅에 내리쳐. 그럼 고기가 좀 연해지겠지."

심바는 순구라의 꼬리를 잡고 빙글빙글 돌렸다. 그리고 땅에 내리치려는 순간 순구라는 심바의 손아귀에서 빠져나와 저 멀리 도망가 버렸다. 심바는 또다시 토끼를 놓친 굴욕을 맛보게 되었다. 화가 난 심바는 나무를 향해 돌아서서 코바이를 불렀다.

"야, 너도 내려와."

코바이가 땅에 내려오자, 사자가 말했다.

"너 참 단단하구나. 내가 뭘 해야 널 먹을 수 있을까?"

코바이가 웃으며 말했다.

"아, 그건 쉽지. 진흙 속에 나를 넣고 등껍질이 벗겨질 때까지 네 발로 내 등을 문질러."

이 말을 듣자마자 심바는 코바이를 물가로 데려가 진흙 속에 놓은 뒤, 등껍질을 문지르기 시작했다. 그러자 코바이는 재빨리 심바의 손아귀를 빠져나갔고, 그 사실을 모르는 사자는 발톱이 헐 때까지 바위 조각을 계속 문질렀다. 한참이 지나고 심바가 아래를 내려다보았을 땐, 이미 발톱에 피가 흥건했다. 또다시 속았다는 걸 깨달은 심바가 말했다.

"에잇, 오늘도 또 속았군. 분하다. 아무래도 안 되겠어. 토끼를 찾아야겠다."

그래서 사자 심바는 즉시 길을 떠났고 가는 길마다 만나는 이에게 순구라에 대해 물었다.

"순구라의 집은 어디 있소?"

"모르겠소."

심바가 만났던 모든 이는 순구라의 행방을 몰랐다. 이미 순구라와 그의 아내는 살던 곳을 떠난 터라 그 동네 사람들은 그의 행방을 전혀 알지 못했던 것이다. 그러나 심바는 계속해서 길을 가며 순구라에 대해 물었다. 마침내 한 사람이 대답했다.

"산꼭대기에 있는 저 집이 그의 집입니다."

심바는 그 즉시 산으로 올라가 알려준 장소에 도착했다. 집에 아무도 없다는 사실을 알게 된 심바는 침착하게 집 안으로 숨어 들어갔다.

'안에 숨어 있다가 순구라와 그의 아내가 돌아오면

둘 다 잡아먹어야지.'

얼마 지나지 않아 순구라는 아내와 함께 집으로 돌아왔다. 하지만 곧 바닥에 난 사자의 발자국을 발견했고 곧바로 멈춰 서 아내에게 말했다.

"여보, 어서 도망가요. 사자 심바가 이 길을 지나갔어. 분명 나를 찾고 있을 거야."

그러나 아내는 대답했다.

"난 도망가지 않을 거야. 당신과 함께 있겠어."

아내의 사랑을 확인한 순구라는 매우 기뻤지만, 단호히 말했다.

"안 돼, 안 돼. 어서 가서 친구들 속에 몸을 숨겨요."

순구라의 끈질긴 설득에 아내는 먼저 몸을 피하기로 했다. 순구라는 침착하게 발자국을 따라갔다. 역시나 예상했던 대로였다. 발자국은 자신의 집 안을 향해 있었다.

'아, 역시 심바인가?'

눈앞에 깜깜했지만, 지체할 시간이 없었다. 잠시 생각에 잠겼던 순구라는 이윽고 조심스럽게 조금 뒤로 물러나 소리쳤다.

"내 집, 안녕? 잘 있었지?"

잠시 기다리던 순구라는 다시 큰 소리로 말했다.

"음, 이거 참 이상하군! 매일 여기를 지나갈 때마다 '내 집, 안녕? 잘 있었지?'라고 말하면 집은 '너도 안녕?'이라고 대답하는데, 오늘은 아무 말도 없네. 분명 안에 누군가가 있나 보군."

그 말을 들은 사자가 대답했다.

"너도 안녕?"

심바의 말을 들은 순구라는 터져 나오는 웃음을 참으며 말했다.

"오호, 심바! 네가 안에 있었구나. 분명 나를 잡아먹으려던 참이었겠지! 하지만 생각해 봐. 집이 말하는 게 어디 가능한 일이겠는지."

심바는 자신이 속았다는 걸 깨닫고 화를 내며 대답했다.

"꼼짝 마. 내가 곧 널 잡을 테니."

"글쎄, 곧 잡을 수 있을까?"

순구라가 곧장 달아났고, 사자는 바로 그 뒤를 쫓았다.

하지만 소용없었다. 늙고 힘이 없었던 심바는 재빠른 순구라를 당해내지 못했다.

"저 녀석이 날 이겼다. 더는 상대하고 싶지 않아."

지친 심바는 이렇게 이야기하며 다시 조롱박 나무 아래 집으로 돌아갔다.

매와 까마귀

오래전 어느 날 까마귀들의 술탄 '쿤구루'가 매들의 술탄 '므와이와이'에게 전갈을 보냈다. 그 내용은 이러했다.

> 너희들을 내 군대로 삼고자 한다.

이 간결한 메시지에 므와이와이는 즉시 답장했다.

> 절대 안 된다.

그러자 쿤구루는 므와이와이를 겁주려 이렇게 전갈을 보냈다.

> 내 말을 듣지 않으면 전쟁을 선포하겠다.

이에 므와이와이는 이렇게 답했다.

> 좋소. 싸워 봅시다. 우리가 지면 당신을 따르겠소. 그러나 우리가 이기면 당신들이 우리의 하인이 될 것이오.

그리하여 그들은 군대를 모아 큰 전투를 벌였다. 전투가 시작된 지 얼마 지나지 않아 까마귀들은 수세에 몰렸다.

조속히 조치를 취하지 않으면 모두 죽을 것이 확실했다. 그때, '지우시'라는 이름의 한 늙은 까마귀가 떠날 것을 제안했다. 그 제안은 즉시 실행에 옮겨졌고, 까마귀들은 살던 곳을 떠나 멀리 날아갔다. 잠시 후 매들이 그곳에 도착했을 땐 까마귀 한 마리도 보이지 않았다. 그래서 그들은 그 땅을 차지했다.

어느 날 쿤구루가 회의를 소집했다.

"내 백성들아, 내 명령을 따르라. 그러면 모든 것이 잘 될 것이다. 내 깃털을 일부 뽑은 후에 날 매들의 마을에 던져라. 그런 다음 내 소식을 들을 때까지 여기 머물러 있으라."

까마귀들은 즉시 술탄의 명령에 따랐다.

쿤구루가 매의 마을 길바닥에 누워있자, 지나가던 매들이 그를 발견하고 물었다.

"당신, 뭐야? 우리 마을에서 뭘 하고 있어?"

그는 죽어가는 목소리로 대답했다.

"내 동료들이 나를 때리고 마을에서 쫓아냈소. 내가 매들의 술탄인 므와이와이를 따르라고 했기 때문이오."

그 말을 들은 매들은 쿤구루를 술탄 앞에 데려갔다.

"길에 쓰러져 있는 이 자를 발견했는데, 이상한 이야기를 합니다. 술탄께서 직접 들어보셔야겠습니다."

쿤구루는 아까 했던 말을 반복하였다. 또한 자신이 겪은 고통이 컸음에도 여전히 므와이와이가 자신의 진정한 술탄이라고 생각한다는 말을 덧붙였다. 쿤구루의 말에 기분이 좋아진 므와이와이가 말했다.

"너는 네 부족의 다른 모든 이들을 합친 것보다 더 현명하구나. 여기 머물며 우리와 함께 살자."

쿤구루는 매들과 함께 남은 생을 보내겠다며 깊은 감사를 표했다. 며칠 후 이웃들은 쿤구루를 데리고 예배를 드리러 갔다.

"종교로는 매가 낫나 까마귀가 낫나?"

"아, 매 쪽이지, 훨씬 낫지!"

교활한 쿤구루의 대답에 매들은 무척 즐거워했고, 쿤구루는 곧 놀라운 분별력을 가진 새로 여겨졌다.

그로부터 일주일 정도 지난 어느 날 쿤구루는 밤중에 슬쩍 매들의 마을을 빠져나와 자기 마을로 가서 백성들을 모았다.

"내일은 매들의 연례 종교 대축제 날이니, 아침이면 모두 예배드리러 갈 것이다. 지금 당장 가서 나무와 불을 준비해라. 내가 부를 때까지 마을 근처에서 기다리다가, 재빨리 와서 예배당에 불을 지르거라."

그러고는 그는 급히 매의 마을로 돌아갔다. 그 밤 내내 까마귀들은 계획을 실행에 옮기기 위해 분주하게 준비했다. 새벽이 되자 까마귀들은 나무와 불을 가지고 매의 마을 근처에 매복했다.

이윽고 아침이 되자 매들은 예배당으로 향했고, 집에 남은 이는 늙은 쿤구루 외에는 아무도 없었다. 이웃들이 그를 부르러 갔을 때, 그는 누워 있었다.

"어머나! 오늘은 예배드리러 안 가시오?"

"아, 가고 싶지만, 배가 너무 아파서 움직일 수가 없네!"

이렇게 대답한 쿤구루는 죽겠다는 듯 몸을 비틀었다.

"쯧쯧, 누워 있으면 좀 나을 걸세."

매들은 쿤구루를 집에 두고 예배당으로 향했다. 모두가 시야에서 사라지자 쿤구루는 재빨리 병사들에게 날아가 외쳤다.

"어서 시작하라. 다들 예배당에 있으니."

까마귀들은 재빨리 예배당으로 숨어 들어갔다. 어떤 이들은 문 주위에 나무를 쌓고, 다른 이들은 불을 붙였다. 나무는 쉽게 불이 붙었고, 매들이 미처 위험을 깨닫기도 전에 불길은 맹렬히 타올랐다. 곧 예배당 안은 연기로 가득 찼고, 틈새로 불길이 솟아오르자 매들은 창문으로 탈출하려 했다. 하지만 대부분은 그 전에 질식하거나 날개가 그을려 날아갈 수 없었다. 그렇게 매들은 불에 타

죽고 말았는데, 그들 가운데에는 매들의 술탄 므와이와이도 포함되어 있었다.

결국 쿤구루와 까마귀들은 옛 마을을 되찾았다. 그리고 그날 이후 매들은 까마귀들 앞에서 도망치게 되었다.

원숭이, 뱀 그리고 사자

오래전 '키지지'라는 마을에 남편을 잃고 어린 아들을 홀로 키우는 여인이 살고 있었다. 그녀는 아들 '므부라나'를 먹여 살리기 위해 하루 종일 고생했다. 하지만, 그들은 가난을 면치 못했고 항상 배고픔에 시달렸다. 하루는 므부라나가 어머니에게 물었다.

"엄마, 우리는 항상 배고파요. 우리를 먹여 살리려고 아빠는 무슨 일을 하셨나요?"

어머니가 대답했다.

"네 아버지는 사냥꾼이셨어. 덫을 놓아 먹을 것을 구해 오셨지."

그 말을 들은 므부라나가 말했다.

"오호! 그건 일이 아니라 놀이인걸요. 저도 덫을 놓아서 먹을 것을 잡아보겠어요."

다음날 므부라나는 숲으로 들어가 나뭇가지를 잘라 집으로 돌아왔다. 둘째 날은 그 가지들로 덫을 만드는 데, 셋째 날은 코코넛 섬유를 꼬아 밧줄을 만드는 데 시간을 보냈다. 넷째 날은 시간이 허락하는 한 최대한 많은 덫을 놓았고, 다섯째 날도 나머지 덫을 놓는 데 시간을 보냈다. 이윽고 여섯째 날이 되었고, 므부라나는 덫을 확인하러 숲으로 들어갔다. 놀랍게도 덫에 잡힌 것들은 무척 많았다. 그와 어머니가 먹을 분량을 제외하고도 너무 많아, 그는 그중 상당량을 주변에서 가장 큰 마을인 운구자로 가져가 팔고 옥수수 등 다른 물건을 샀다. 행운은 계속되어 곧 집은 식량으로 가득 찼고, 그와 어머니는 더 이상 굶주릴 필요가 없었다.

하지만, 이 행복은 오래가지 못했다. 얼마 후 므부라나가 덫을 확인하러 갔을 때 덫은 텅텅 비어 있었다. 그리고 그는 며칠 내내 아무것도 잡지 못했다. 그러던 어느 날 아침, 므부라나는 한 덫에 원숭이가 잡혀 있는 것을 발견했다. 그가 죽이려 하자 원숭이가 말했다.

"아담의 아들이여, 나는 원숭이 '니아니'니라. 나를 죽이지 마라. 이 덫에서 꺼내어다오. 비로부터 나를 구해주면, 언젠가 내가 와서 너를 태양으로부터 구해주리라."

이 말을 들은 므부라나는 그를 덫에서 꺼내 놓아주었다. 덫에서 나온 니아니는 나무 위로 올라가 나뭇가지에 앉고는 므부라나에게 말했다.

"네 친절에 보답해 한 가지 충고를 하마. 내 말을 명심하거라. 인간은 모두 나쁘다. 절대 인간에게 호의를 베풀지 마라. 호의를 받은 인간은 기회만 생기면 네게 해를 끼칠 테니."

이 일이 있고 그다음 날, 므부라나는 같은 덫에 뱀이 걸린 것을 발견했다. 깜짝 놀란 그는 마을 사람들에게 서둘러 위험을 알리려 가려 했다. 하지만 그때 뱀이 큰 소리로 외쳤다.

"돌아오거라, 아담의 자손이여! 마을 사람들을 불러 나를 죽이지 마라. 나는 뱀 '니오카'다. 이 덫에서 꺼내어다오. 오늘 비로부터 나를 구해주면, 네가 도움이 필요할 때 너를 태양으로부터 구해줄 테니."

이 말을 들은 므부라나는 그를 덫에서 꺼내 놓아주었다. 뱀은 떠나며 말했다.

"네 은혜는 꼭 갚겠노라. 어떤 인간도 믿지 마라. 그에게 호의를 베풀면, 호의를 받은 인간은 기회만 생기면 네게 해를 끼칠 것이다."

셋째 날, 므부라나는 원숭이와 뱀을 잡았던 바로 그 덫에 사자가 잡혀 있는 것을 발견했다. 두려움에 떨고 있는 므부라나를 보고 사자가 말했다.

"도망가지 말거라. 나는 '콩와이', 아주 늙은 사자다. 이 덫에서 나를 풀어주면 너를 결코 해치지 않겠다. 오늘 비로부터 나를 구해주면, 네가 도움이 필요할 때 너를 태양으로부터 구해주겠다."

이 말을 들은 므부라나는 그를 믿고 그를 덫에서 풀어

주었다. 콩와이는 떠나기 전 이렇게 말했다.

"아담의 자손이여, 네가 나에게 친절을 베풀었으니 이 은혜는 꼭 갚으리라. 그러나 사람에게 친절을 베풀지 마라. 네가 베푼 친절을 무정함으로 갚을 것이니."

다음 날, 이번에는 같은 덫에 한 남자가 걸렸다. 므부라나는 그를 풀어주었고, 그는 목숨을 구해준 은혜를 결코 잊지 않겠다고 거듭 맹세했다.

덫으로 잡을 수 있는 사냥감은 모두 잡은 것 같았다. 므부라나와 그의 어머니는 예전처럼 매일 배고픔에 시달렸다. 참다못한 어느 날 므부라나가 어머니에게 말했다.

"어머니, 남은 밀가루로 빵 일곱 개를 만들어 주십시오. 제가 활과 화살을 가지고 사냥하러 가겠습니다."

어머니는 빵을 구워 주었고, 그는 빵과 활과 화살을 챙겨 숲 속으로 들어갔다. 므부라나는 계속 걸었지만 사냥감은 보이지 않았다. 설상가상으로 길까지 잃었고, 먹을 것도 하나 남은 빵뿐이었다. 그는 숲속을 정처 없이 헤맸고 마침내 그가 본 것 중 가장 황량하고 으스스한 숲에 이르렀다. 너무나 비참하고 지쳐서 죽는 게 낫겠다고 생각했을 때였다. 갑자기 누군가 자신을 부르는 소리를 들었다. 고개를 들어보니 원숭이 니아니가 서 있었다.

"아담의 아들아, 어디로 가는 거냐?"

"모르겠소. 길을 잃었다오."

슬픔에 가득 찬 므부라나의 목소리를 들은 니아니가 말했다.

"자, 자, 걱정하지 말거라. 내가 돌아올 때까지 여기서 앉아서 쉬고 있어라. 네가 한때 나에게 베푼 친절을 갚을 테니."

니아니는 곧장 정원 쪽으로 가 잘 익은 파파야와 바나나를 한가득 가져와 므부라나에게 주었다.

"여기 먹을 것을 가득 가지고 왔다. 다른 건 필요 없느냐? 마실 것도 가져다줄까?"

므부라나가 대답하기도 전에 니아니는 호리병에 물을 가득 채워 돌아왔다. 므부라나는 니아니가 가져다준 음식과 물로 허기를 채웠다. 가져다준 것을 남김없이 모두 먹은 것을 본 니아니는 므부라나에게 작별 인사를 했고, 그들은 각자 길을 떠났다.

그 후로도 므부라나는 집으로 돌아갈 길을 찾지 못했다. 한참을 걸어 도착한 곳에서 그는 사자 콩와이를 만났다.

"아담의 아들아, 어디로 가는가?"

"모르겠소. 길을 잃었다오."

므부라나의 목소리에는 힘이 없었다.

"자, 기운을 내라. 여기서 잠시 쉬어 가거라. 예전에 네가 나에게 베푼 친절을 오늘 내가 갚고 싶구나."

이렇게 말한 콩와이는 잠시 후 잡은 사냥감을 가지고 돌아왔고, 불도 지펴주었다. 므부라나는 사냥감을 요리했다. 음식을 다 먹은 그의 기분이 한결 나아진 것을 본 콩와이는 므부라나에게 작별 인사를 했고, 그들은 각자 길을 떠났다.

그 후로도 므부라나는 한참을 걸었다. 마침내 한 농장에 도착했고, 그곳에서 매우 늙은 여인을 만났다.

"내 남편이 지금 몹시 아픈데, 그에게 약을 만들어 줄 수 있겠소?"

하지만 므부라나는 그녀를 도울 수 없었다.

"아주머니, 저는 의사가 아닙니다. 사냥꾼일 뿐이고, 평생 약을 다뤄본 적이 없어요."

므부라나는 다시 길을 떠났다. 그가 도시로 가는 길에 이르렀을 때, 우물 하나와 그 옆에 놓인 물통을 발견했다.

'아, 바로 내가 원하던 것이군. 시원한 우물물을 한 모금 마셔야지. 물이 닿을 수 있는 거리에 있는지 한번 보자.'

우물 가장자리로 살짝 고개를 내밀어 물 높이를 살피던 그의 눈앞에 갑자기 커다란 뱀이 나타났다. 뱀은 그를 보자마자 말했다.

"아담의 자손이여, 어찌 된 일이냐? 나를 모르겠느냐?"

"전혀 모르겠소."

므부라나는 두려움에 몸을 떨며 말했다.

"아이고, 아이고! 어떻게 내가 너를 잊을 수 있겠느냐. 내가 바로 네가 덫에서 풀어준 뱀 '니오카'다. 기억하지? 내가 그때 말했었지. 비로부터 나를 구해주면, 내가 너를 태양으로부터 구해주겠다고. 그나저나 네가 곧 도착할 마을에서 너는 낯선 이일 뿐이다. 그러니 내가 네가 마을에 도착했을 때 필요할 것들을 몇 개 준비해 주마."

므부라나는 니오카에게 작은 주머니를 건넸고, 니오카는 주머니에 금과 은으로 된 목걸이를 가득 채웠다.

"너를 위해 편하게 사용하거라."

니오카는 이 말을 남기며 사라졌다.

므부라나가 도시에 도착했을 때, 그가 처음 만난 사람은 그가 덫에서 풀어준 바로 그 남자였다. 남자는 므부라나를 자기 집으로 초대했고, 그의 아내는 저녁을 차려주었다. 므부라나가 음식을 먹는 모습을 본 남자는 집을 몰래 빠져나가 술탄에게로 가서 말했다.

"한 낯선 자가 금과 은으로 된 목걸이가 가득 찬 주머니를 가지고 우리 집에 왔습니다. 그가 말하길 우물에 사는 뱀에게서 얻었다고 하네요. 하지만 전 알고 있죠. 그는 사람인 척하지만 사람의 모습으로 변할 수 있는 힘을 가진 뱀이라는 것을요.”

술탄은 이 말을 듣고 병사들을 보내 므부라나를 잡아들였다. 병사들이 므부라나의 주머니를 열려고 할 때, 남자는 그 주머니 속에서 악한 것이 나와 술탄의 자식과 재상의 자식들에게 해를 끼칠 것이라며 사람들을 부추겼다. 사람들은 두려움에 떨며 므부라나의 손을 결박했다.

바로 그때였다. 우물에서 나온 거대한 뱀이 마을에 도착해, 므부라나에 대해 온갖 악담을 퍼부은 그 남자의 발치에 누웠다. 이를 본 사람들이 남자에게 말했다.

“이게 무슨 일이오? 우물에 살던 거대한 뱀이 당신 발아래 있지 않소? 어서 치우시오.”

하지만 니오카는 꿈쩍도 하지 않았다. 결국 사람들은 므부라나의 결박한 손을 풀어주며 그를 의심했던 잘못을 만회하려 했다.

술탄이 물었다.

“이 남자는 왜 당신을 집에 초대해 놓고는 나쁜 말을 퍼뜨렸을까?”

이에 므부라나는 자신에게 일어난 모든 일과, 원숭이와 뱀, 사자가 인간에게 친절을 베풀면 어떤 결과가 따르는지 경고했던 이야기를 모두 털어놓았다. 그러자 술탄이 말했다.

"사람들은 종종 배은망덕하지만, 항상 그런 것은 아니다. 나쁜 자들만이 그러할 뿐이다. 저 남자는 자루에 넣어 바다에 던져져야 마땅하다. 선을 악으로 갚았으니."

아프리카 동부 해안 지대의 민담 I

초판인쇄 2025년 12월 22일
초판발행 2025년 12월 25일

지 은 이 김민채

펴 낸 이 홍명희

펴 낸 곳 도서출판 아딘크라
주 소 경기도 용인시 기흥구 탑실로 152
대주피오레 2단지 202-1602
전 화 031)201-5310
등록번호 2017.12. 제2017-000096호

ISBN 979-11-89453-39-8 93890

값 15,000원